Rebekka Gablenz, Heike Golletz, Katja Staeber

Praxis Tagespflege

Vom stimmigen Konzept zu zufriedenen Gästen

schlütersche

Heike Golletz ist Heilpädagogin, Dipl. Sozialarbeiterin/-pädagogin, Sozial- und Qualitätsmanagerin sowie Supervisorin (DGSv) und Organisationsberaterin. Als Referentin für Pflege und Altenhilfe zählt die Förderung und Weiterentwicklung selbst bestimmter Lebens- und Wohnformen im Alter zu ihren Kernaufgaben.

Rebekka Gablenz ist Gesundheits- und Krankenpflegerin, Fort- bzw. Weiterbildung zur Pflegedienstleitung und zur Leitung im Gesundheitswesen. Seit 2011 ist sie stellvertretende Pflegedienstleitung der Geriatrischen Tagespflege »Villa Albrecht«.

Katja Staeber ist Gesundheits- und Krankenpflegerin, Diplom-Pflegewirtin, MScN. Sie leitet die Tagespflege »Villa Albrecht« in Berlin.

»Ich lache mit dir und mit anderen – auf diese Weise lebe ich, und je mehr ich lache, desto länger lebe ich«

HERMINIA EVANGELISTA PEREZ

Bibliografische Information der Deutschen Nationalbibliothek
Die Deutsche Nationalbibliothek verzeichnet diese Publikation in der Deutschen Nationalbibliografie; detaillierte bibliografische Daten sind im Internet über http://dnb.de abrufbar.

ISBN 978-3-89993-351-2 (Print)
ISBN 978-3-8426-8666-3 (PDF)
ISBN 978-3-8426-8667-0 (epub)

Nachdruck der 1. Auflage von 2015 (PoD)

Reihengestaltung: Groothuis, Lohfert, Consorten | Hamburg
Titelbild: Alexander Raths – Fotolia.com
Satz: PER Medien+Marketing GmbH, Braunschweig
Druck und Bindung: Customized Business Services GmbH,
im Auftrag der KNV Zeitfracht GmbH, Erfurt

INHALT

EINLEITUNG

Tagesstätten existieren schon seit vielen Jahren, aber sie fristeten in der Vergangenheit eher ein Nischendasein. Mit Einführung der Pflegeversicherung 1995 wurde der Anspruch auf teilstationäre Pflege festgeschrieben, »wenn häusliche Pflege nicht in ausreichendem Umfang sichergestellt werden kann oder wenn dies zur Ergänzung oder Stärkung der häuslichen Pflege erforderlich ist« (§ 41 SGB XI). Definiert als ergänzendes Angebot zur häuslichen Pflege sollte teilstationäre Pflege die pflegenden Angehörigen entlasten und dadurch eine Heimeinweisung vermeiden.

Doch die Tagespflege hat weitaus mehr Potenzial. Sie ist ein eigenständiges Angebot in der Versorgungslandschaft. Differenzierte Konzepte, die den Gast als Einzelperson **und** als Teil einer Gruppe in den Fokus nehmen, zielen auf Anerkennung und Wertschätzung, auf Achtung und Förderung der Selbstbestimmtheit ab.

Dass die Tagespflege in der Vergangenheit neben den Angeboten der ambulanten und vollstationären Pflege eher wie ein »Stiefkind« wahrgenommen wurde, lag im Wesentlichen auch daran, dass die Kosten für diese Leistungen bisher lediglich im Umfang des Sachleistungsanspruchs gewährt wurden – nachrangig zu ambulanten Pflegeleistungen. Die Pflegebedürftigen oder ihre Angehörigen hatten in aller Regel also einen erheblichen finanziellen Eigenbetrag für ihre »Entlastung« durch eine Tagespflege zu tragen.

Bereits durch das im Juli 2008 in Kraft getretene Pflegeweiterentwicklungsgesetz wurde die Tagespflege aber auf deutlich solidere Füße gestellt. Damit verbunden waren aber immer noch einige komplizierte und schwer nachvollziehbare Regelungen bei der Kombination von Sachleistungen und Tagespflege.

Das erste Pflegestärkungsgesetz

Seit dem 1. Januar 2015 ist alles anders: Das erste Pflegestärkungsgesetz (das am 17. Oktober 2014 verabschiedete 5. Gesetz zur Änderung des SGB XI), trat in Kraft. Zum ersten Mal wurde ein eigenständiger Anspruch der Tagespflege neben ambulanten Pflegeleistungen festgeschrieben. »Bisher wurden die Inanspruchnahme von Tages-/Nachtpflege und die ambulanten Pflegeleistungen (Pflegegeld und/oder ambulante Sachleistungen) zum Teil aufeinander angerechnet. Das ändert sich: Wer ambulante Sachleistungen und/oder Pflegegeld bekommt, kann künftig Tages- und Nachtpflege daneben ohne Anrechnung voll in Anspruch nehmen. Damit steht deutlich mehr Geld für Betreuung zur Verfügung.

Beispiel: Bisher gab es für die Kombination von Tagespflege und ambulanten Pflegesachleistungen in Pflegestufe III bis zu 2.325 Euro. Künftig stehen hierfür bis zu 3.224 Euro monatlich zur Verfügung. Auch Demenzkranke profitieren erstmals von dieser Leistung.«[1]

Starken Rückenwind erhalten die Tagespflege-Einrichtungen auch von der Politik. So wurde der Pflegebevollmächtigte Karl-Josef Laumann im Dezember 2014 auf dem Online-Portal focus.de so zitiert: »Es geht um eine gesellschaftliche Wende. Sie ist vergleichbar mit dem Aufbau der flächendeckenden Kinderbetreuung für die unter Dreijährigen in den alten Bundesländern.« Der CDU-Politiker wünscht sich, dass »wir in fünf Jahren jedem Dritten« einen Platz in der Tagespflege anbieten können. Es gehe um nichts weniger als eine »echte Strukturveränderung in Deutschland«.[2]

In Bayern will Gesundheitsministerin Melanie Huml das Tagespflege-Angebot verbessern. »Ab dem Jahr 2016 wird es ein neues Förderprogramm geben. Damit werden wir Tagespflege-Einrichtungen für Demenzkranke finanziell unterstützen.«[3] 1,5 Millionen Euro will man in Bayern ausgeben.

1 http://www.bmg.bund.de/themen/pflege/pflegestaerkungsgesetze/pflegestaerkungsgesetz-i.html [Zugriff am 07.04.2015]

2 Ackeren, M. van & Esser, B. (2014). Heim oder daheim. In Zukunft öfter beides. Focus online.de [Zugriff am 23.12.2014]

3 http://www.bayern.de/huml-foerdert-verstaerkt-tagespflege-bayerns-gesundheits-und-pflegeministerin-neues-programm-fuer-menschen-mit-demenz-ab-dem-jahr-2016/[Zugriff am 21.052015]

1 TAGESPFLEGE – EIN QUALITÄTSPRODUKT

Eine Tagespflegeeinrichtung hat eine Reihe von Zielen, die es zu erfüllen gilt. »Tagespflegeeinrichtungen nach dem Pflege-Versicherungsgesetz sollen insbesondere

- die Tagespflegegäste unterstützen, trotz ihres Hilfebedarfs ein möglichst selbstständiges und selbstbestimmtes Leben zu führen, das der Würde des Menschen entspricht,
- im Einzelfall fachlich kompetente und bedarfsgerechte Pflege nach den allgemein anerkannten pflegewissenschaftlichen Erkenntnissen zu wirtschaftlich vertretbaren Bedingungen gewährleisten,
- die körperlichen, geistigen und seelischen Fähigkeiten der Tagespflegegäste erhalten, fördern oder wiedergewinnen,
- durch Information und Austausch eine partnerschaftliche Zusammenarbeit aller Beteiligten ermöglichen,
- eine Vertrauensbasis zwischen Tagespflegegästen und Leistungserbringern schaffen,
- flexibel auf die Notwendigkeiten des Einzelfalls reagieren,
- ein an Lebensqualität und Zufriedenheit orientiertes Leben unter Berücksichtigung der individuellen Lebenssituation und der Biografie des Pflegebedürftigen fördern,
- die pflegenden Angehörigen durch die Leistungen der Tagespflege unterstützen und entlasten,
- die Tagesstrukturierung gästeorientiert ausrichten und dabei die religiösen und kulturellen Bedürfnisse der Tagespflegegäste berücksichtigen.«[4]

Soweit die Grundlagen. Wir möchten Ihnen in diesem Buch die Qualitätsaspekte einer Tagespflege zeigen sowie viele praktische Beispiele, wie das tägliche Leben in einer solchen Einrichtung aussehen kann. Unsere langjährigen Erfahrungen in diesem Feld haben uns die Gewissheit gegeben, dass Tagespflege weit mehr ist als ein Angebot zur Unterstützung pflegender Angehörigen, auch wenn deren Gesundheit und Bereitschaft zur Pflege meist eine wesentliche Voraussetzung für den Verbleib der Pflegebedürftigen in der eigenen Häuslichkeit ist.

Doch auch bei Menschen, denen keine Angehörigen mehr zur Seite stehen können, kann Tagespflege ein sinnvolles Angebot sein, um die Selbstständigkeit in der eigenen Häuslichkeit zu unterstützen, der Vereinsamung entgegenzuwirken und eine Heimeinweisung zu vermeiden oder hinauszuzögern.

---

[4] GKV Spitzenverband (2013). Maßstäbe und Grundsätze für die Qualität und die Qualitätssicherung sowie für die Entwicklung eines einrichtungsinternen Qualitätsmanagement nach § 113 des Elften Buches Sozialgesetzbuch (SGB XI) in der teilstationären Pflege (Tagespflege) vom 10. Dezember 2012. Im Internet: http://www.gkv-spitzenverband.de/media/dokumente/pflegeversicherung/richtlinien__vereinbarungen__formulare/richtlinien_und_grundsaetze_zur_qualitaetssicherung/2013-02-08_Pflege_Massstaebe_und_Grundsaetze_teilstationaer.pdf [Zugriff am 13.04.2015]

Bitte folgen Sie uns nun in unsere Einrichtung, die »Geriatrische Tagespflege ›Villa Albrecht‹«. Wir werden Ihnen unser tägliches Einsatzgebiet vorstellen – selbstverständlich in seinen fachlichen Grundzügen, vor allem aber auch aus der Perspektive unserer Gäste. Die wissen nämlich selbst am besten, warum sie so gern zu uns kommen. Vielleicht können unsere Erfahrungen eine Anregung für Sie sein, sich selbst mit dem Angebot einer Tagespflege zu beschäftigen. Vielleicht finden Sie aber auch die ein oder andere Anregung für Ihre schon bestehende Einrichtung.

1.1 Die »Geriatrische Tagespflege ›Villa Albrecht‹«

Unsere Geriatrische Tagespflege »Villa Albrecht« liegt in der Albrechtstraße in Berlin-Tempelhof und hat von montags bis freitags zwischen 8:00 und 17:00 Uhr geöffnet. Es handelt sich um eine eigenständige Einrichtung mit 16 Plätzen, eingebettet in das Konzept des »Integrativen ambulanten Seniorenwohnens«. Träger ist der DRK Landesverband Berliner Rotes Kreuz e.V. Unter dem Motto »Lange gut zuhause leben« verfügt die »Villa Albrecht« außerdem über 29 seniorengerechte Mietwohnungen und zwei Wohngemeinschaften für Menschen mit Demenz mit jeweils acht Bewohnern. Ebenfalls in der »Villa«: der Stützpunkt eines Anbieters für ambulante Pflege.

Das Gesamtkonzept zielt auf die Förderung und den Erhalt der Selbstbestimmung und Selbstständigkeit der Menschen innerhalb der Villa und im nachbarschaftlichen Umfeld, dem Kiez. Wir bieten unseren Mietern und den Menschen aus dem Kiez individuelle Pflege und Betreuung. Sie müssen dafür weder ihre Wohnung noch ihren angestammten Kiez verlassen.

Der zentrale Ort in der »Villa Albrecht« ist das »WaschCafé«. Hinter dem etwas ungewöhnlichen Namen verbirgt sich ein Begegnungs- und Veranstaltungsraum, in dem es Kaffee, Getränke und Snacks gibt – aber auch einige Waschmaschinen und Trockner. Die Mieter des Hauses sitzen gemütlich zusammen, klönen, trinken ein Tässchen Kaffee und erledigen ganz nebenbei ihre Wäsche. Dieses Angebot gilt für alle Mieter des Hauses. Es wird von vielen regelmäßig genutzt, etwa zur gemeinsamen wöchentlichen Brotzeit. Mit einer geschickten Raumaufteilung ist ein Begegnungsraum entstanden, der wirklich genutzt wird. Wäsche waschen muss schließlich jeder Mieter. Warum sollte er das einsam und verloren im Untergeschoss eines Mietshauses tun?

Die Mieter der »Villa Albrecht« haben ein hohes Maß an Lebensqualität, auch wenn sie keine Pflegeunterstützung brauchen. Nur manchmal nehmen sie die geriatrische Tagespflege in Anspruch. Der überwiegende Teil unserer Tagesgäste kommt von außerhalb.

»In unserer Geriatrischen Tagespflege »Villa Albrecht« werden ältere Menschen mit körperlichen, geistigen und/oder seelischen Erkrankungen betreut. Dazu zählen insbesondere:

- Menschen, die allein in ihrer Wohnung leben und Hilfe im täglichen Leben, bei der Pflege und bei der Tagesstrukturierung bedürfen.
- Menschen, die vereinsamt oder altersdepressiv sind und mittels aktivierender und therapeutischer Maßnahmen wieder zur selbstständigen Lebensführung begleitet werden.
- Menschen, deren Angehörige überwiegend die Pflege und Betreuung übernehmen und Entlastung benötigen.

Unser Ziel

Unsere Tagespflege ist ein Ort der Begegnung, dessen Schwerpunkt im Bereich der rehabilitativen und sozialpflegerischen Maßnahmen liegt. Zielsetzung in der »Villa Albrecht« ist es, unseren Besuchern den Verbleib in der eigenen Häuslichkeit zu sichern. Ein Besuch in der Tagespflege trägt dazu bei, dass stationäre Pflege oder Krankenhausaufenthalte hinausgeschoben oder verhindert werden können.«*

* https://www.drk-berlin.de/angebote/villa-albrecht/geriatrische-tagespflege.html [Zugriff am 07.04.2015]

Feste und Aktivitäten gehören zu unserem Programm, bei schönem Wetter auch im Garten. Besucher sind uns stets willkommen. Schließlich gibt es eine Reihe von Veranstaltungen, die sich an alle richten, die im Kiez wohnen. Das Wort »Kiez« bezeichnet in Berlin übrigens einen Stadtteil, also eine überschaubare Region innerhalb der großen Stadt.

1.2 Grundsätze unserer Arbeit

Die Grundsätze unserer Arbeit leiten sich von den Grundsätzen und dem Leitbild unseres Verbandes, dem Deutschen Roten Kreuz, ab. Daraus haben wir – unter Zugrundelegung weiterer Grundsätze[5] – unser Pflegeleitbild konzipiert: »Jeder Mensch hat uneingeschränkten Anspruch auf Respektierung seiner Würde und Einzigartigkeit. Menschen, die Hilfe und Pflege benötigen, haben die gleichen Rechte wie alle anderen Menschen und dürfen in ihrer besonderen Lebenssituation in keiner Weise benachteiligt werden. Da sie sich häufig nicht selbst vertreten können, tragen Staat und Gesellschaft eine besondere Verantwortung für den Schutz der Menschenwürde hilfe- und pflegebedürftiger Menschen.«

[5] Z.B. aus der Charta der Rechte hilfe- und pflegebedürftiger Menschen, im Internet: https://www.pflege-charta.de/de/startseite.html [Zugriff am 29.05.2015]

Unser oberstes Ziel ist es, dass unsere Gäste so lange wie möglich in ihrer eigenen Umgebung leben können. Zufriedenheit und Lebensqualität sollen erhalten und gefördert werden.

Wenngleich wir unsere Gäste nicht nach Krankheitsbildern unterscheiden, versuchen wir dennoch individuelle, an den jeweiligen Gesundheitszustand angepasste Angebote zu machen. Dabei stehen nicht die Einschränkungen der Person, sondern ihre Förderpotenziale im Fokus. Dies ist die Grundlage, auf der wir die Qualitätsebenen »Strukturen«, »Prozesse« und »Ergebnisse« gestalten. Die ersten beiden Ebenen sind jene, die auch der Medizinische Dienst der Krankenversicherung (MDK) prüft. Doch die dritte Ebene, die Ergebnisqualität, ist ebenso wichtig. Denn hier geht es um Erhalt und Förderung von Selbstständigkeit, um Unterstützung in spezifischen Bedarfslagen sowie um die Tagesgestaltung und soziale Beziehungen.[6] Besonderen Wert legen wir daher auf unser Pflegeleitbild, auf dessen Kernaussagen wir im dritten Kapitel näher eingehen.

Wir betrachten Pflege als einen gleichberechtigten Prozess

Wir betrachten Pflege als einen gleichberechtigten Prozess zwischen Hilfesuchenden und Hilfegebenden. Sie geschieht auf der Grundlage des Regelkreises des Pflegeprozesses. Pflege ist ein dynamischer Vorgang, der regelmäßig ausgewertet werden muss, um eine optimale Pflege zu gewährleisten. Pflege geschieht nicht isoliert von anderen an der Pflege beteiligten Personen und Berufsgruppen, sondern in Kooperation mit ihnen.

In der Tagespflege kommt eine Besonderheit dazu: Unsere Gäste verbringen nur einen Teil des Tages bei uns. Ihr Lebensmittelpunkt liegt in der Regel woanders. Das heißt im Umkehrschluss: Wir betrachten unsere Tagesgäste ganzheitlich (Körper, Seele und Geist) innerhalb ihres jeweiligen sozialen Umfeldes. Jeder Gast ist ein Individuum mit unterschiedlichen Bedürfnissen, Wünschen, Werten und Zielen. Dementsprechend bedarf es eines flexibel gestalteten Hilfe- und Unterstützungsangebotes.

Unter Beachtung der Selbstbestimmtheit eines jeden Tagespflegegastes kooperieren wir mit allen am Pflege- und Betreuungsprozess beteiligten Personen (Angehörige und sonstige Bezugspersonen, Ärzte, Institutionen usw.). Dabei verstehen wir uns als Unterstützer und Begleiter unserer Gäste. Wir verfolgen einen rehabilitativen Ansatz, d.h. unser Bestreben ist es, die konstruktiven Kräfte des Einzelnen freizusetzen, um Entwicklung zu ermöglichen und dort kompensierend einzugreifen, wo der Betref-

[6] Wingenfeld, K. zit. n. Kämmer, K. (2015). Pflegemanagement in Altenpflegeeinrichtungen. Hannover: Schlütersche, S. 384

fende (noch) nicht aus eigenen Kräften dazu in der Lage ist. Dies kann sich sowohl auf den objektiven Gesundheitszustand als auch auf das subjektive Empfinden und die Entwicklung von Bewältigungsstrategien beziehen.

Neben Krankheit, körperlichen und kognitiven Einschränkungen durch altersbedingte Vorgänge ist häufig das Erleben dieser Veränderungen mit erheblichen seelischen Belastungen verbunden. Die Trauer um verlorengegangene Fähigkeiten, der Verlust wichtiger Bezugspersonen und das Bewusstwerden des eigenen bevorstehenden Todes können Einsamkeit und Resignation nach sich ziehen. Der Aufbau einer vertrauensvollen Beziehungs- und Kommunikationsebene sowie empathisches Einfühlen in die Lebenssituation unserer Gäste sind unerlässlich, um zielgerichtete Interaktionen zu ermöglichen.

Unser Verständnis einer ganzheitlichen Pflege und Betreuung bezieht selbstverständlich auch die Beratung, Anleitung und Förderung des sozialen Umfeldes ein, denn häufig führen die Veränderungen des Pflegebedürftigen auch zu Überforderung, Unverständnis oder Schuldgefühlen bei Ihren Angehörigen.

Die Grundlagen

Neben einem ganzheitlichen Denkmuster und guten kommunikativen Fähigkeiten der Einzelnen und des Teams erfordert die Einführung und Umsetzung des Pflegemodells einen praktikablen Pflegeprozess sowie ein abgestimmtes Dokumentationssystem (vgl. Kapitel 6 und 7).

Dazu gehört, dass die individuellen körperlichen, geistigen und seelischen Bedürfnisse beim Erstgespräch bzw. der Aufnahme ermittelt werden und dass bei uns alle Gäste – unabhängig von Alter, Herkunft, sozialer Stellung und körperlichen oder geistigen Einschränkungen – die Hilfe bekommen, die sie benötigen. Die Pflege wird zielorientiert durchgeführt, abgeleitet von den individuellen Problemen und Ressourcen. Pflegemaßnahmen werden mit den Gästen abgesprochen. Pflege- und Betreuungsmaßnahmen werden aktivierend durchgeführt: dem pflegebedürftigen Menschen werden jene Tätigkeiten, die er selber durchführen kann, auch überlassen. Außerdem wird die Pflege nachvollziehbar geplant und dokumentiert, die Maßnahmen regelmäßig durch die leitenden Pflegefachkräfte auf ihre Effizienz hin überprüft. Selbstverständlich gehört dazu, dass wir einen guten Kontakt zu Angehörigen, Ärzten und sonstigen an der Pflege beteiligten Personen und Berufsgruppen pflegen.

2 DIE STRUKTURQUALITÄT IN DER TAGESPFLEGE

Die Voraussetzungen zum Betreiben einer Tagespflegeeinrichtung ergeben sich aus den leistungsrechtlichen Vorgaben, dem Rahmenvertrag nach § 75 Abs. 1 SGB XI sowie dem Versorgungsvertrag nach § 72 SGB XI, deren konkrete Inhalte in den jeweiligen Bundesländern unterschiedlich sind.

Außerdem müssen auch öffentlich-rechtliche Vorgaben der jeweiligen Bundesländer berücksichtigt werden. Tagespflege als teilstationäres Angebot unterliegt in den meisten Bundesländern den jeweiligen Landesheimgesetzen. Auch baurechtliche Vorschriften der jeweiligen Bundesländer sind zu berücksichtigen, etwa Regelungen zur Barrierefreiheit, Anforderungen an Raumgrößen, Ruhemöglichkeiten, Brandschutz etc.

In Berlin unterliegen Tagespflegeeinrichtungen als teilstationäre Einrichtungen den Regelungen des Wohnteilhabegesetzes (WTG). Daraus ergeben sich weitere spezielle Anforderungen, die in weiteren Anlagen definiert sind (Personalverordnung, Bauverordnung, Heimmitwirkungsverordnung) und jährlich durch die Heimaufsicht überprüft werden.

Die Qualitätsverpflichtungen der Tagespflege ergeben sich aus den auf Bundesebene festgelegten »Maßstäben und Grundsätzen für die Qualität und Qualitätssicherung sowie für die Entwicklung eines einrichtungsinternen Qualitätsmanagements nach § 113 SGB XI in der teilstationären Pflege (Tagespflege)«, die seit dem 1. März 2013, nach langen Verhandlungen und letztlich durch Schiedsspruch, in Kraft getreten sind.[7]

Die MuG Teilstationär

Die als »MuG Teilstationär« bezeichnete Vereinbarung bezieht sich auf die grundsätzlichen Ziele der Tagespflege. Sie benennt die Mindestanforderungen der Qualitätsebenen (Struktur, Prozess- und Ergebnisqualität). Auch die Anforderungen an unabhängige Sachverständige und Prüfinstitutionen sowie an die methodische Verlässlichkeit von Zertifizierungs- und Prüfverfahren sind in dieser Norm geregelt. Die MuG Teilstationär ist für alle Pflegekassen und deren Verbände sowie für die zugelassenen Tagespflegeeinrichtungen unmittelbar verbindlich (§ 113 Abs. 1 S. 3 SGB XI). Sie ist von den Vertragsparteien bei allen weiteren Vereinbarungen nach dem SGB XI zu beachten.

7 GKV-Spitzenverband (2013). Maßstäbe und Grundsätze für die Qualität und Qualitätssicherung sowie für die Entwicklung eines einrichtungsinternen Qualitätsmanagements nach § 113 SGB XI in der teilstationären Pflege (Tagespflege). 1. März 2013

Die Vereinbarung geht ausdrücklich auf das Erfordernis ein, dass der Träger ein einrichtungsinternes Qualitätsmanagement auf Basis seiner konzeptionellen Grundlagen implementiert. Darunter sind alle erforderlichen Maßnahmen zur Steuerung der vereinbarten Leistungserbringung zu verstehen. Es geht um die Sicherstellung der personellen und sachlichen Ressourcen, einschließlich aller wesentlichen Managementprozesse.

Die Verantwortung für die Umsetzung des internen Qualitätsmanagements obliegt der Leitungsebene der Tagespflegeeinrichtung. Ausdrücklich erwähnt ist auch die Sicherstellung der internen Kommunikationsprozesse.

In den Maßnahmen und Grundsätzen werden einzelne Aspekte des Qualitätsmanagements ausgeführt, wie die Erfordernis der Festlegung von Zielen und Maßnahmen unter Berücksichtigung des PDCA-Zyklus[8], die Beteiligung aller Mitarbeiter und Einbeziehung der Erwartungen und Bewertungen der pflegebedürftigen Menschen.

In einer verbindlichen Anlage zu der MuG Teilstationär sind die »Anforderungen an unabhängige Sachverständige und Prüfinstitutionen sowie an die methodische Verlässlichkeit von Zertifizierungs- und Prüfverfahren« geregelt. Die Einführung eines zertifizierten Qualitätsmanagementsystems ist nicht zwingend vorgeschrieben, jedoch sollten die Einrichtungen, die sich entsprechenden Verfahren stellen, gewürdigt werden.

Getreu der Erfahrung, dass Qualität sich nicht von außen in eine Einrichtung hineinprüfen lassen kann und ein Qualitätsmanagement aus der Einrichtung heraus gelebt werden muss, sind die Anforderungen von den Trägern und Einrichtungen zu konkretisieren.

Bereits bei der Planung unserer Tagespflegeeinrichtung war die Qualitätsmanagerin des Trägers umfassend einbezogen, sodass sämtliche Anforderungen, wie sie später in den »MuG Teilstationär« festgelegt wurden, von Beginn an berücksichtigt wurden. Ausgehend von der Haltung, dass eine externe Qualitätsprüfung jederzeit möglich sein sollte, ohne den Tagesablauf durcheinanderzubringen (interner Leitspruch: »Sollen sie doch kommen …«) war es unser Anliegen, ein zertifizierungsfähiges Qualitätsmanagement zu implementieren.

Es finden regelmäßig interne Audits durch Qualitätsmanagementbeauftragte unseres Trägers statt. Auf die Überprüfung durch externe unabhängige Sachverständige und Prüfinstitutionen wurde nach eingehender Kosten-Nutzen-Abwägung bislang verzichtet.

---

8 Vgl. Deming, W.E. (1982). Out of the Crisis. Cambridge: Massachusetts Institute of Technology

In den Grundsätzen in der »MuG Teilstationär« wird darauf eingegangen, dass Tagespflege auf die soziale Betreuung und Tagesstrukturierung abzielt. Das bezieht auch die im Rahmen des Aufenthaltes erforderlichen pflegerischen Maßnahmen sowie die Leistungen der hauswirtschaftlichen Versorgung ein. Ausdrücklich benannt wird, dass der selbstbestimmte Lebensmittelpunkt der Tagesgäste weiterhin in deren Häuslichkeit liegt. Einwirkungsmöglichkeiten und Wirksamkeit der pflegerischen Maßnahmen sind insofern eingeschränkt, als sie sich nur auf die Zeiten des Aufenthaltes beziehen können. Dies ist bei allen fachlichen Zielstellungen und Maßnahmen zu berücksichtigen, kommen doch die Tagespflegegäste in der Regel nur an einem oder wenigen Tagen in der Woche in die Einrichtung.

Unterstützung, wo sie gebraucht wird

Der weitaus größere Teil des Lebens unserer Gäste spielt sich außerhalb der Tagespflege ab. Darin liegt aber auch die Chance und Stärke unseres Angebotes: Wir bieten die individuelle Unterstützung dort, wo sie benötigt wird und stärken die Selbstbestimmtheit unserer Gäste.

Wir geben Ihnen im Folgenden einen Überblick über unsere wesentlichen Überlegungen und Haltungen.

2.1 Die Ausrichtung: geriatrisch vs. gerontopsychiatrisch

Als wir vor der Frage standen, ob wir das Angebot einer Tagespflege in unsere Konzeption des »integrativen ambulanten Zentrums« aufnehmen wollen, beschäftigten wir uns zunächst mit wirtschaftlichen Überlegungen und einer Analyse des Umfeldes. Nachdem die Entscheidung für eine Tagespflege gefallen war, stellte sich die Frage nach unserer Zielgruppe. Wollten wir eher geriatrisch oder gerontopsychiatrisch arbeiten? Wir haben uns sehr bewusst für eine geriatrische Ausrichtung entschieden.

Unsere Ausrichtung: geriatrisch

Für uns stehen der rehabilitative sowie der inklusive Gedanke im Vordergrund. Diese Entscheidung hat natürlich Auswirkungen auf alle weiteren konzeptionellen Überlegungen. So schließen sich daran insbesondere auch spezielle Anforderungen an die Qualifikation und Bereitschaft der Mitarbeitenden an. Schließlich müssen sie in der Lage sein, auf die vielfältigen individuellen Bedürfnisse sowie die Gruppendynamiken einzugehen.

Unsere Erfahrungen zeigen, dass viele Tagesgäste anderen sehr gern behilflich sind, wenn diese etwa einmal ein Problem bei der Orientierung haben. Dazu braucht es eine behutsame Anleitung. Mancher geistig fitte Gast braucht zunächst einmal ein paar Informationen, weil er noch nicht verstanden hat, dass ein anderer kognitiv eingeschränkt ist. Auch den Ängsten und Sorgen der Gäste ohne kognitive Einschränkung gilt es zu begegnen, wenn sie im Umgang mit verwirrten Menschen überfordert sind.

Bereits in der Planungsphase war uns klar, dass wir einen Angebotsschwerpunkt in der Förderung der Mobilisation setzen wollten. Positive Erfahrungen mit dem Kraft- und Balancetraining nach dem sogenannten »Ulmer Modell«[9], haben uns veranlasst, frühzeitig die entsprechenden Kontakte hinsichtlich konzeptioneller Einbindung und Umsetzung, Schulung und Begleitung, Materialbeschaffung usw. aufzunehmen. Unterstützung erhielten wir durch die AOK Nordost, die Schulungen nach diesem Modell anbot und uns beim Aufbau unseres Sturzpräventionsprogrammes (vgl. Kapitel 4.1.1.1) unterstützte. Im Rahmen dieses Präventionsprogrammes fanden Inhouse-Schulungen statt, unsere Trainerinnen wurden zu Multiplikatoren ausgebildet. Auch bei der Beschaffung der erforderlichen Materialien wurden wir durch die AOK unterstützt.

Diese konzeptionelle Überlegung hatte auch Einfluss auf die Raumplanung und -gestaltung: z. B. Mindestgröße des Raums für das Angebot an Kraft- und Balancetraining, multifunktionale Sitzmöglichkeiten usw.

2.2 Die personellen Ressourcen

Die »MuG Teilstationär« regelt auch die personellen Mindestvoraussetzungen: »Die von der Tagespflegeeinrichtung angebotenen Pflegeleistungen sind unter ständiger Verantwortung einer ausgebildeten Pflegefachkraft durchzuführen.« Weiterhin macht die Norm Aussagen zum Verantwortungsbereich der verantwortlichen Pflegefachkraft sowie zur erforderlichen Qualifikation zur Ausübung dieser Funktion: »Die fachlichen Voraussetzungen als verantwortliche Pflegefachkraft im Sinne des Pflege-Versicherungsgesetzes erfüllen Personen, die eine Ausbildung als

a. Gesundheits- und Krankenpflegerin oder Gesundheits- und Krankenpfleger oder
b. Gesundheits- und Kinderkrankenpflegerin oder Gesundheits- und Kinderkrankenpfleger oder
c. Altenpflegerin oder Altenpfleger abgeschlossen haben«

Geregelt ist weiterhin, dass »zur Erfüllung der individuellen Erfordernisse der Tagespflegegäste« geeignete Kräfte bereitzustellen sind. Die Tätigkeit der Hilfskräfte und der

---

9 Vgl. Becker, C. & Rißmann, B. (2009). Sturzprophylaxe: Sturzgefährdung und Sturzverhütung in Heimen. Hannover: Vincentz

angelernten Kräfte hat unter fachlicher Anleitung einer Fachkraft zu erfolgen. Konkrete Aussagen zum Stellenschlüssel oder zu einer Fachkraftquote finden sich in den »MuG Teilstationär« allerdings nicht. Auch im Rahmenvertrag wird nicht konkret auf ein Verhältnis von Fachkräften zu angelernten Kräften eingegangen. Hier heißt es lediglich, dass »ausreichend« Fachpersonal vorzuhalten ist.

In den Rahmenverträgen gemäß § 75 Abs. 1 und 2 zur teilstationären Pflege in den jeweiligen Ländern und ggfs. in den Landesheimgesetzen (in Berlin WTG-Personalverordnung) sind unterschiedliche personelle Voraussetzungen festgelegt. In Berlin ist im derzeit gültigen Rahmenvertrag ein Schlüssel von 1:4 plus 0,5 bzw. 0,6 Stellenanteil ab 15 Tagesgäste für die Leitung und das Qualitätsmanagement verhandelt worden. Bei rein gerontopsychiatrischer Ausrichtung liegt der Schlüssel bei 1:3.

Für die seit Anfang 2013 auch in teilstationären Einrichtungen möglichen zusätzlichen Betreuungsleistungen nach § 87 b SGB XI ist, pflegestufenunabhängig und ohne Anrechnung auf die Fachkraftquote, ein Richtwert von 1:20 vereinbart worden. Bezogen auf die Frage, wie hoch der tatsächliche Anteil an Fachkräften sein sollte, muss berücksichtigt werden, dass die Pflegefachkräfte die fachliche Überprüfung des Pflegebedarfs, die Anleitung der Hilfskräfte und die Kontrolle der geleisteten Arbeit zu gewährleisten haben. Für den Träger spielen daher neben wirtschaftlichen Fragen auch organisatorische Überlegungen eine wesentliche Rolle.

Es ist immer unser Ansinnen gewesen, einen möglichst hohen Anteil an Fachkräften im Team zu haben, da dies eine höhere Flexibilität und selbstständig verantwortungsvolles Arbeiten möglich macht. So lassen sich gerade in einem kleinen Team Urlaubs- oder sonstige Abwesenheiten der Mitarbeitenden einfacher kompensieren. Die fachliche Qualifikation ist nur ein Aspekt, wenn auch ein wesentlicher.

Flexibilität – eine wichtige Voraussetzung

Die Arbeit in einem kleinen Team – in unserer Tagespflege sind das fünf feste Mitarbeiterinnen – mit zum Teil täglich wechselnden Gästen erfordert vor allem Team- und Gruppenfähigkeit, Einfühlungsvermögen und Flexibilität. Das geht nicht ohne einen hohen Anteil an Fachkräften.

Die Mitarbeitenden müssen Hand in Hand arbeiten und letztlich auch alle anfallenden Arbeiten bewältigen können. Dass die Stimmung und Zusammenarbeit innerhalb des Mitarbeiterteams eine direkte Wirkung auf die Stimmung und Dynamik der Tagesgäste hat, klingt zwar wie eine Binsenweisheit, ist aber keineswegs banal. Der Frage der Organisations-, Team- und/oder Mitarbeiterentwicklung kommt also eine große Bedeutung zu.

Ergänzt und unterstützt wird die Arbeit der professionellen Mitarbeiterinnen durch zusätzliche Helfer, z.B. Praktikanten, Mitarbeitende des Freiwilligen Sozialen Jahres, Bundesfreiwillige und des Ehrenamtes. Zu Gute kommt unserer Tagespflege die Trägerschaft im Deutschen Roten Kreuz, wodurch wir auf langjährig gewachsene Strukturen in diesen Feldern zurückgreifen können. Ohne diese Unterstützung wären viele unserer Angebote nur eingeschränkt, eventuell sogar gar nicht möglich. Wie so oft gilt auch hier, dass »viel« nicht immer »viel« hilft. Nicht allein die Anzahl der Helfer ist ausschlaggebend, sondern die Frage, wie diese Helfer in das Team und in ihre Aufgaben eingebunden werden. Die Einbeziehung und Begleitung dieser Mitarbeitenden muss konzeptionell verankert sein.

Auswahl und Einarbeitung

Auswahl und Einarbeitung der Mitarbeitenden und Helfenden beruhen auf einem klaren Konzept. Es gibt ein festgelegtes Auswahlverfahren, zu dem bei engerer Auswahl auch ein »Probearbeiten« gehört. Dabei sollen sowohl die Bewerber als auch die Teamvertreter überprüfen können, ob die Tätigkeit auch ihren Vorstellungen entspricht bzw. ob es noch weitere Fragen oder Klärungsbedarf gibt.

Teamarbeit ist der entscheidende Auslöser für die Umsetzung des Konzepts und die Zufriedenheit der Gäste. Eine offene Kommunikation ist uns sehr wichtig. Irritationen, Verständnisfragen oder Fehler sollen direkt angesprochen werden können. Dies teilen wir Bewerbern bereits in den Einstellungsgesprächen mit. In diesen Gesprächen sprechen wir auch die Bereiche an, die später auf Unverständnis stoßen könnten: die Begleitung des Fahrdienstes am Morgen und Abend, die Bereitschaft zur Begleitung von Veranstaltungen auch außerhalb unserer Öffnungszeiten, die Übernahme von speziellen Verantwortlichkeiten sowie die Unterstützung bei der Einarbeitung neuer Mitarbeitenden. Auch die Begleitung von Personen in Krisensituationen, über unsere Öffnungszeiten hinaus, kann vorkommen.

Unser Einarbeitungskonzept sieht vor, dass die jeweiligen Aufgaben mit einem zuvor festgelegten Teammitglied und den »Neuen« besprochen und ausgewertet werden. Bei festangestellten Mitarbeitenden erfolgt zum Ende der Probezeit ein Auswertungsgespräch mit der verantwortlichen Pflegefachkraft. Sollte sich etwa zeigen, dass Mitarbeiter unsere Haltung des Förderns und Forderns nicht nachvollziehen können, also etwa das Geschirr schnell selbst abwaschen anstatt den Tagesgast anzuleiten, wird dies möglichst umgehend thematisiert und über unser Konzept und dessen Zielsetzung gesprochen.

Gerade bei ehrenamtlichen Helfenden konnten wir die Erfahrung machen, dass es ihnen Schwierigkeiten macht, unserem Konzept der gemeinschaftlichen Tagesgestaltung und der hauswirtschaftlichen Tätigkeiten zu folgen. Dies zeigt sich in Aussagen wie »Man kann doch einer Dame von 90 Jahren nicht zumuten, dass sie Geschirr abtrocknen soll.« Einige Ehrenamtliche verstanden sich anfangs eher als Entlastung der Mitarbeiter und weniger als Unterstützung der Gäste. Sie haben dies an anderen Einsatzorten vielleicht auch so gelernt. Mancher Helfer hatte auch schlicht Angst, wir könnten ihn für faul oder unhöflich halten, wenn er Tätigkeiten von Gästen ausführen lässt.

So gab es eine Helferin, die – nachdem sie gehört hatte, dass es Kartoffelsuppe geben sollte – schnell die Suppe zubereitete, damit wir mehr Zeit für die Gäste hätten. Sie konnte auf Anhieb nicht nachvollziehen, dass die Einbeziehung der Gäste in hauswirtschaftliche Tätigkeiten zu unserem Konzept gehört, und fand es fast empörend, dass unsere Gäste »arbeiten« sollen.

In solchen Situationen ist es uns wichtig, dass zeitnah über die von uns gewünschte Haltung der Mitarbeitenden und Helfenden gesprochen wird, und die Mitarbeiter dies nicht als persönliche Kritik auffassen. Nur durch eine engmaschige Begleitung und rechtzeitige Hinweise ist unsere Arbeit entsprechend des Konzeptes möglich.

Wir erklären unser Konzept gern

Uns ist wichtig, dass alle an der Pflege- und Betreuung beteiligten Personen das Konzept verstehen und verinnerlichen, welche Herausforderung es an jeden einzelnen stellt. Diese Haltung haben wir in einem längeren Prozess mit unseren Teammitgliedern erarbeitet. Neue Mitarbeiter müssen oft erst davon überzeugt werden, dass alles, was wir unseren Gästen abnehmen, für sie zu einem schnelleren Fähigkeitsverlust führen wird und als Folge womöglich zu einem vollstationären Aufenthalt führen kann.

Probleme in den Teams werden nach Möglichkeit schnell entdeckt und geklärt. Natürlich sollten die Mitarbeitenden ihre Probleme möglichst untereinander lösen. Nicht alles soll zum Teamthema werden. Die verantwortliche Pflegefachkraft ist bei Konflikten jederzeit ansprechbar. Sofern zur nachhaltigen Klärung erforderlich, werden auch weitere beteiligte Personen involviert. Sollte es zu unüberwindlichen Spannungen im Team kommen, kann auch Hilfe von außen angefragt werden, z. B. durch Supervision.

Es gilt aber auch immer das Positive anzusprechen und Lob nicht als eine Floskel zu verstehen. Dies gilt nicht nur für die regelmäßigen Mitarbeitergespräche, die auch dazu dienen, die Wünsche der Mitarbeitenden nach Weiterentwicklung zu unterstützen. So können Mitarbeitende immer auch Fortbildungsangebote wahrnehmen, die ihrer ganz persönlichen Neigung entsprechen. Diese Erkenntnisse fließen dann wieder in die Angebote unserer Tagespflege ein.

Wir ermuntern ausdrücklich zu fachpflegerischen Fortbildungen. Neben den jährlichen vorgeschriebenen Fortbildungen unterstützen wir unsere Mitarbeitenden darin, spezielle Fachvorträge oder Tagungen zu besuchen. Unsere Helfer werden durch die Fachkräfte insbesondere zu Fragen der altersbedingten Erkrankungen und des Umgangs mit Menschen mit Demenz geschult. Sie erhalten die erforderlichen Informationen über Krankheitsinhalte, können Fragen stellen und eigenes Wissen in die Schulungen einbringen.

Zur Festigung des Teams gehört es auch, dass wir miteinander Spaß haben können, gemeinsam Feste und Veranstaltungen begehen, wie etwa die gemeinsame Weihnachtsfeier oder die Würdigung besonderer Lebenssituationen der Mitarbeitenden.

Die individuellen administrativen Tätigkeiten der Mitarbeitenden richten sich nach deren besonderen Verantwortlichkeiten und Fähigkeiten in der Tagespflege (siehe Kapitel 4.3.1).

Unser Konzept wird auch von den besonderen Fähigkeiten unserer Mitarbeitenden im Bereich Gesang, Einsatz von Instrumenten und anderen Interessen getragen. Nach diesen Fähigkeiten werden die besonderen Verantwortlichkeiten festgelegt. Es ergibt sich eine Aufteilung der anfallenden Arbeiten. Somit sind nicht einzelne Personen für verschiedene Bereiche verantwortlich, sondern alle Mitarbeitenden übernehmen einen Bereich. Dabei handelt es sich um besondere Verantwortlichkeiten im Bereich der Ernährung, Beschäftigung und Mobilität.

2.3 Die baulichen Voraussetzungen

Die baulichen Voraussetzungen für eine Tagespflege sind in den jeweiligen Bundesländern unterschiedlich geregelt. Neben allgemein baurechtlichen Vorgaben ist für unsere Tagespflege in Berlin die »Verordnung über bauliche Anforderungen an Gebäude und Außenanlagen in stationären Einrichtungen nach dem Wohnteilhabegesetz (Wohnteilhabe-Bauverordnung – WTG-BauV)« maßgeblich. Hier finden sich die Anforderungen an die gemeinschaftlichen Aufenthaltsflächen, insbesondere der Gruppen- und Einzelangebote, Küche und Mahlzeiteneinnahme, Ruhemöglichkeiten und Garderobenbereich.

Wir konnten unsere fachlichen Überlegungen in die Umbaumaßnahmen einfließen lassen. Denn die spätere »Villa Albrecht« war zunächst ein entkerntes und vollständig saniertes Gebäude, in dem für die Tagespflege der Großteil einer Etage (253 m^2)

vorgesehen war. Erste Überlegungen, die Tagespflege im Erdgeschoss unterzubringen, wurden verworfen. Stattdessen richteten wir dort den Begegnungsort »WaschCafé« ein. Die Tagespflege übernahm das erste Obergeschoss und ist dank Fahrstuhl bequem zu erreichen. Vorteilhaft an dieser erhöhten Lage ist, dass die Tagespflege recht geschützt liegt und es wenige Störungen von außen gibt. Der Garten ist für unsere Tagesgäste ausreichend schnell zu erreichen und wird bei entsprechender Witterung gern genutzt.

Praxistipp: Heimbauaufsicht frühzeitig einbeziehen

Wir haben die Heimbauaufsicht sehr frühzeitig in die Umbauphase einbezogen. Dieses Vorgehen hat sich bewährt und wir können es nur empfehlen. So ließen sich einige zunächst schwierig umzusetzende Anforderungen, die sich aus der bestehenden Bausubstanz ergaben, einvernehmlich lösen.

Herzstück unserer Tagespflege ist ein großer Gemeinschaftsraum mit integrierter offener Küche. In diesem Raum finden fast alle Gruppenaktivitäten und Veranstaltungen statt, auch die Mahlzeiten werden dort eingenommen. Finden Koch- und andere Gruppenaktivitäten zur gleichen Zeit statt, reagieren wir flexibel. In diesem Fall können die Kochvorbereitungen in einem Nebenraum der Küche, ursprünglich als Therapieküche vorgesehen und auch so genutzt, stattfinden.

Zwei Ruheräume gehören ebenfalls zu unserem Angebot. In einem davon befindet sich ein Pflegebett. Das ist zwar nicht zwingend vorgeschrieben, wir können es aber empfehlen. Es erwies sich schon oft als sehr hilfreich, wenn bei einem Gast akute Befindlichkeitseinschränkungen oder ein erhöhter Pflegeaufwand auftraten. Sehr hilfreich ist das Pflegebett auch, um pflegenden Angehörigen Hilfestellungen praktisch zu erläutern.

Neben einem Begegnungsraum, der auch multifunktional genutzt werden kann, haben wir unlängst einen bereits vorhandenen Therapieraum optisch umgestaltet. Gemeinsam mit unseren Tagesgästen erarbeiteten wir ein Konzept und erstanden dank Fördermitteln entsprechende Materialien. Jetzt verfügen wir über einen Entspannungsraum, in dem auch Snoezelen-Angebote stattfinden können. (vgl. Kapitel 4.1.8.2)

Die Berliner WTG-Bauverordnung sieht vor, dass für jeweils acht Gäste mindestens eine Toilette vorhanden sein muss. In unserer Tagespflege stehen den Besuchern drei barrierearm zugängliche WC's mit Waschbecken und barrierefreier Dusche sowie ein behindertengerechtes WC mit Waschbecken zur Verfügung, sodass in der Regel keine Wartezeiten entstehen.

Die Gartenanlage hinter dem Haus steht sowohl den Mietern des Hauses als auch unseren Tagesgästen zur Verfügung. Entsprechend unserem integrativen Konzept können sich hier Mieter, Besucher aus dem Kiez sowie Tagespflegegäste begegnen. Im Mittelpunkt der Anlage befinden sich eine Vogelvoliere und ein Kaninchenfreilaufgehege. Wir folgen damit den u.a. vom KDA beschriebenen Ansatz, dass Tiere Welten öffnen[10] und sich sehr förderlich auf das Wohlbefinden der Menschen auswirken. »Die Verlockung, mit Tieren näher in Kontakt zu kommen ist groß, und ebenso das Bedürfnis, ihnen etwas Gutes zu tun, sie zu streicheln oder zu füttern. … Ohne Zwang schaffen es unsere »vierbeinigen Freunde«, mit ihrer offenen Art Menschen zu animieren. Sie bringen Freude und zaubern vielen ein Lächeln auf die Lippen.«[11]

Die Tierhaltung bringt allerdings eine erhebliche Verantwortung mit sich. Die kontinuierliche, sachkundige Pflege von Haustieren erfordert Zeit und auch manchmal besondere Kenntnisse. Erfreulicherweise haben wir innerhalb unseres Integrativen ambulanten Zentrums einige Mieter als »Tierpaten« gewinnen können, die auch an den Wochenenden die Versorgung der Tiere übernehmen. Darüber hinaus werden Helfer des Freiwilligen Sozialen Jahres eingebunden.

Tierhaltung: schön, aber aufwendig

Es braucht die Akzeptanz und Unterstützung der Einrichtung und einen verlässlichen »Kümmerer«, falls ein »Tierpate« oder Helfer nicht zur Verfügung steht. Dazu gehören auch die Überwachung der angemessenen Tierpflege und Hygiene sowie verschiedene organisatorische Dinge wie die regelmäßige Beauftragung einer tierärztlichen Kontrolle.

Des Weiteren ist das zuständige Veterinäramt zu informieren, da die gewerbsmäßige Haltung von Tieren gemäß § 3 Tierschutzgesetz anzeigepflichtig ist. Bei bestimmten Tieren wie z.B. Paarhufern und Hühnern muss auch die Tierseuchenkasse informiert werden. Schafe und Ziegen sind elektronisch zu kennzeichnen (EG Verordnung Nr. 21).

Merkblätter zur Tierhaltung finden Sie unter http://www.tierschutz-tvt.de/

Der Garten wird bei gutem Wetter gern für gemeinsame Aktivitäten und Feste von Mietern und Gästen genutzt. Eine Kindertagesstätte grenzt unmittelbar daran, was für weitere Kontaktmöglichkeiten sorgt, die wir behutsam unterstützen und begleiten.

---

10 Vgl. http://www.tiere-oeffnen-welten.de/

11 Giruc, M. (2011). Tiere, mit denen wir lebten. Tiergestützte Biografiearbeit mit Demenzkranken. Hannover, Schlütersche, S. 30

2.4 Die materiellen Ressourcen

Die Frage nach der idealen Möblierung möchten wir an dieser Stelle vernachlässigen, wohl wissend, dass diese immer von wirtschaftlichen Möglichkeiten abhängt. Natürlich sind auch hier die jeweiligen Regelungen hinsichtlich Barrierefreiheit, Brandschutz etc. zu beachten – im Übrigen aber lässt sich über Geschmack bekanntlich nicht streiten.

Abhängig von baulichen Gegebenheiten und konzeptionellen Überlegungen haben wir uns zunächst von funktionalen und fachlichen Überlegungen leiten lassen. Bei der Anschaffung der Möbel und sonstiger Materialien galt und gilt es immer auch, zwischen Kosten, Haltbarkeit, Reinigung, leichter Handhabung und Ersetzbarkeit abzuwägen. Dennoch war es für uns äußerst wichtig, dass das Mobiliar wohnlich und optisch ansprechend ist und sich in unser Farbkonzept einfügt.

Praxistipp: Ältere Menschen bevorzugen andere Farben

Es ist allseits bekannt, dass Farben einen Einfluss auf Stimmung und Befindlichkeit ausüben. Weniger bekannt ist, dass ältere Menschen ein anderes Farbempfinden haben als jüngere. »Das belegen auch wissenschaftliche Studien. Demnach favorisieren alte Menschen im Gegensatz zu jüngeren auffällig hellere Farben und warme Pastelltöne, also dezente Farben, die in Richtung freundliche Ruhe und Sanftheit tendieren.«*

* http://www.kda.de/news-detail/items/archiv_70.html [Zugriff am 13.04.2015]

Wir haben uns für ein Farbkonzept entschieden, das anregend, aber dezent und unaufgeregt auf die Besucher wirken soll. Bei der Dekoration sind wir bewusst zurückhaltend. Wir möchten unsere Gäste in die Gestaltung einbeziehen und so sind im Laufe der Zeit einige gestalterische und dekorative Elemente hinzugekommen.

Die Zubereitung der Mahlzeiten und das gemeinsame Essen sind ein zentraler Punkt unserer konzeptionellen Arbeit (vgl. Kapitel 4.1.3). Weil Essen und die angemessene Nahrungsaufnahme eine große Bedeutung für Menschen höheren Alters hat, greifen wir hier bewusst nicht auf externe Anbieter zurück, sondern kochen selbst. Töpfe, Pfannen etc. haben wir so ausgewählt, dass sie auch für unsere Gäste gut handhabbar sind.

Materialien für Gruppen- und Einzelangebote sind natürlich entsprechend der Angebote vorzuhalten. Nicht zu unterschätzen ist die Frage der Lager- und Aufbewahrungsmöglichkeiten, die einen schnellen Überblick sowie eine unkomplizierte Vor- und Nachbereitung ermöglichen sollten. So war es beispielsweise für uns eine wichtige

Überlegung, in welchem Raum das Kraft- und Balancetraining (vgl. Kapitel 4.1.1) stattfinden würde. Sind die Stühle für die Nutzung geeignet? Welche weiteren Hilfsmittel, z. B. Stühle ohne Lehnen, Hanteln und Gewichtsmanschetten, werden noch benötigt? Wo bewahren wir das alles auf?

Praxistipp: Lagerungsmöglichkeiten für Hilfsmittel einplanen

Schon beim Aufbau unserer Tagespflege war uns klar, dass ausreichende Lagerungsmöglichkeiten für Materialien aller Art unbedingt zu berücksichtigen sind, zumal sich im Laufe der Zeit weitere Dinge ansammeln. Wir haben uns für ein erweiterbares Schranksystem entschieden, das sich sowohl im Küchen- und Aufenthaltsbereich als auch in den Therapieräumen findet und sich unauffällig in unser gemütlich gestaltetes Mobiliar einfügt. Die für das Gruppentraining benötigten Stühle ohne Armlehnen sind stapelbar. Sie werden in den Therapieräumen aufbewahrt bzw. sind im großen Gemeinschaftsraum integriert.

Die Materialien für das Kraft- und Balancetraining befinden sich in einem eigenen Schrank, sodass die Mitarbeitenden, die das Training durchführen, einen schnellen Zugang zu Hanteln und Fußmanschetten haben. Es braucht eine Systematik, damit alle Mitarbeitenden und auch die Gäste sich schnell orientieren können. Auch der schnelle Überblick über die Vollzähligkeit der Materialien sowie deren Zustand ist für einen reibungslosen Ablauf nötig. Nichts bringt mehr Unruhe, als wenn zu Beginn des Gruppenangebotes noch aufgeregt gesucht wird.

Bei aller Planung: Wir haben den Platzbedarf für zusätzliche Hilfsmittel unterschätzt. Wir waren davon ausgegangen, dass der größte Teil der Bewohner eigene Hilfsmittel mitbringt und diese in den dafür vorgesehenen Vorräumen abstellt. Doch schnell fiel uns auf, dass immer wieder zusätzliche Rollstühle oder Rollatoren benötigt wurden, weil Gäste etwa an längeren Spaziergängen teilnehmen wollten. Was tun? Die Kellerräume waren entschieden zu weit weg. Wir trennten einen Raum durch einen Vorhang und lagern die zusätzlichen Hilfsmittel dahinter. Keine gute, aber eine praktikable Lösung. Doch weil der Raum von den Tagesgästen genutzt wird und an Atmosphäre verloren hat, suchen wir nach einer kostengünstigen Verbesserung.

Praxistipp: Budget für Verbrauchsmaterialien festlegen

Es empfiehlt sich, ein festes Budget für Verbrauchsmaterialien vorzusehen, damit zusätzliche Käufe gleich bei der Planung der Gruppenangebote berücksichtigt werden können. Einige Angebote entstehen erst im Laufe des Betriebes, abhängig von den Wünschen und Bedarfen der Tagesgäste, aber auch von den Neigungen und Fähigkeiten der Mitarbeitenden.

So entstand beispielsweise eine »Männerwerkgruppe« (vgl. Kapitel 4.1.5.1), für die wir dann auch Werkzeuge, Schleifpapiere etc. brauchten. All diese Materialien müssen natürlich griffbereit in den Materialschränken gelagert werden. Es ist ratsam, in regelmäßigen Abständen zu prüfen, ob alles noch in gutem Zustand ist. Von Zeit zu Zeit empfiehlt es sich, ein gründliches »Ausmisten« durchzuführen.

So manche Idee droht an den finanziellen Ressourcen zu scheitern bzw. bedarf einer langfristigen Budgetplanung. Die Umsetzung kann aber ggfs. mit Hilfe von Materialspenden gelingen. Manchmal lassen sich auch Förder- oder Spendenmittel akquirieren. Die Recherche und Antragsstellung erfordert natürlich einigen Zeitaufwand. Manchmal kann evtl. der Träger oder ein übergeordneter Verband dabei unterstützen. Wir konnten so z. B. den Wunsch nach einem Snoezelen-Angebot (vgl. Kapitel 4.1.8.2) umsetzen.

Eine Projektförderung im Rahmen der »Lokalen Allianzen für Menschen mit Demenz« ermöglichte es uns, einen »Drum Circle« im Rahmen des Gesamtkonzeptes unserer »Villa Albrecht« einzurichten (vgl. Kapitel 4.1.4.2). Durch die enge Verzahnung mit den Angeboten des Seniorenwohnens unseres Hauses können wir die Trommeln und sonstigen Materialen nutzen, die in den Räumen des Seniorenwohnens aufbewahrt werden.

2.5 Infrastruktur und Vernetzung in der Kommune

Der überwiegende Teil unserer Tagesgäste kommt aus dem Kiez oder den angrenzenden Bezirken. Viele Gäste sind »eingefleischte« Tempelhofer und haben mehr als ihr halbes Leben hier verbracht. Daher war es uns von Anfang an wichtig, einen guten Kontakt zu Geschäften und Dienstleistern wie Apotheken, Fußpflege, Friseure, physiotherapeutische Praxen, Ärzte, Pflegedienste etc. zu halten.

Die Vernetzung in die Bezirks-Gremien und der Aufbau vertrauensvoller Kontakte zu den Mitarbeitern und Kollegen der relevanten fachlichen Stellen sind unverzichtbar. So wirken unsere Leitungskräfte aktiv im Geriatrischen-Gerontopsychiatrischen Verbund Tempelhof sowie in weiteren Netzwerkgremien mit. Neben Öffentlichkeitsarbeit und Akquise weiterer Tagespflegegäste geht es dort auch um übergreifende Themen und die Weiterentwicklung der Angebote im Bezirk.

Wir sind Verbundpartner des Gerontopsychiatrischen-Geriatrischen Verbundes Tempelhof, einem von mehreren Verbünden in Berlin.[12] Gerontopsychiatrisch-Geriatrische Verbünde haben eine regionale, in Berlin an den Bezirksgrenzen ausgerichtete gemeinsame Kooperationsstruktur von Trägern und Einrichtungen der Gerontopsychiatrie, Altenhilfe, Altenpflege und Geriatrie. Ziel der Verbundpartner ist die Unterstützung körperlich und seelisch beeinträchtigter älterer Menschen im Bezirk, die verbesserte Abstimmung zwischen allen Beteiligten, die Aufdeckung und Schließung von Versorgungslücken sowie die Entwicklung und Umsetzung von Qualitätsstandards.

Der Gerontopsychiatrische-Geriatrische Verbund ist Partner der Lokalen Allianzen für Menschen mit Demenz[13], in dem wir als Projektnehmer eine Förderung durch das Bundesministerium für Familie, Senioren, Frauen und Jugend (BMFSFJ) zur Umsetzung unseres »Drum Circles«, einem Trommelangebot für Menschen mit und ohne Demenz erhielten (vgl. Kapitel 4.1.4.2).

Hervorgegangen sind die Lokalen Allianzen für Menschen mit Demenz aus der Allianz für Menschen mit Demenz, einer Initiative der Bundesregierung und als Arbeitsgruppe Bestandteil der Demografiestrategie.[14] Die Allianz konstituierte sich im September 2012 anlässlich des Welt-Alzheimertages, deren Mitglieder sich den Aufbau eines Netzwerkes auf Bundesebene zum Ziel gesetzt.

Das Modellprogramm »Lokale Allianzen für Menschen mit Demenz«

Das Modellprogramm »Lokale Allianzen für Menschen mit Demenz« will darauf hinwirken, den Alltag von Demenzerkrankten und ihrer Angehörigen dauerhaft zu verbessern. Das Programm unterstützt den Aufbau kommunaler Netzwerke und fördert so den Austausch zwischen den regionalen Akteuren nachhaltig. Dieses Netzwerk soll dazu beitragen, Menschen mit Demenz und ihren Angehörigen ein möglichst gutes Leben inmitten unserer Gesellschaft zu gewährleisten und ist geprägt vom Leitbild der Inklusion, Selbstbestimmung und Teilhabe. Somit traf diese Allianz bei uns auf fruchtbaren Boden, sind die genannten Ziele doch bei uns konzeptionell verankert.

12 Vgl. www.berlin.de/ba-tempelhof-schoeneberg/organisationseinheit/gesundheit/gpgvt_index.html
13 Vgl. www.lokale-allianzen.de/startseite.html
14 www.allianz-fuer-demenz.de

Wir beteiligen uns an den übergreifenden Treffen mit Vertretern anderer Lokaler Allianzen und nutzen dieses Netzwerk auf Bundesebene und lokaler Ebene, um konkret für unsere Arbeit zu lernen, andere an unserer Arbeit teilhaben zu lassen und die Öffentlichkeit weiter für dieses Thema zu sensibilisieren.

2.6 Der Fahrdienst

In den Maßnahmen und Grundsätzen nach § 113 SGB XI für die teilstationäre Pflege ist verankert, dass die notwendige und angemessene Beförderung des Pflegebedürftigen von der Wohnung zur Tagespflegeeinrichtung und zurück zum Leistungsangebot der Tagespflege gehört. Es gilt also, die Beförderung sicherzustellen, sofern diese nicht von Angehörigen übernommen werden kann.

Für eine Tagespflege stellt sich die Frage, ob die Beförderung durch eigene Fahrzeuge und eigene Mitarbeiter erfolgen soll oder ob Fahraufträge an einen externen Dienstleister vergeben werden. Beide Möglichkeiten stellen für Betreiber und Mitarbeitende eine große Herausforderung hinsichtlich Finanzierung, Logistik und fachlicher Überlegungen dar. Auch die Örtlichkeit spielt eine Rolle, denn nicht überall kann überhaupt auf bezahlbare Angebote externer Dienstleister zurückgegriffen werden.

Bei der Anschaffung eigener Fahrzeuge ist u. a. zu berücksichtigen, wie die regelmäßige Pflege und Wartung der Fahrzeuge sichergestellt wird und welche Alternativen es bei kurzfristigen technischen Pannen gibt. Auch die erforderliche Qualifikation der Mitarbeitenden ist bei der Personalplanung zu berücksichtigen. Zwar ist bei einer integrierten Beförderung keine gesonderte Qualifikation der Fahrzeugführer erforderlich, dennoch müssen diese selbstverständlich sicher im Umgang mit dem Fahrzeug sein. Zunächst einmal bedeutet dies, dass der Besitz eines Führerscheins und entsprechende Fahrpraxis ein wesentliches Kriterium bei der Personalauswahl ist.

Auch die Überlegung, welche Fahrzeuge geeignet sind, muss getroffen werden. Ist eher ein Kleinbus sinnvoll oder sollen PKW genutzt werden? Wie können Menschen mit Gehbehinderung oder Rollstuhlfahrer befördert werden? Ist eine Begleitperson regelmäßig erforderlich und auf welche personellen Ressourcen lässt sich zurückgreifen?

Aus unserer Sicht gibt es hier keine generelle Empfehlung. Beide Modelle haben ihre Vor- und Nachteile. So ermöglichen eigene Fahrzeuge natürlich eine größere Flexibilität, z. B. wenn der Tagesgast zum verabredeten Zeitpunkt noch nicht abholbereit ist oder kurzfristig ein kleiner zusätzlicher Ausflug geplant wird.

Beiden Modellen gemein ist jedoch der hohe organisatorische Aufwand der Planung der Abholungen unter Berücksichtigung der jeweiligen Wünsche und Bedarfe,

Abstimmungen mit Angehörigen und Pflegediensten, der von Außenstehenden und Kostenträgern oft nicht in seiner Komplexität wahrgenommen wird.

In unserer Tagespflege haben wir uns für einen externen Fahrdienst entschieden. Idealerweise ließ sich dies durch einen zum DRK zugehörigen Fahrdienst lösen, mit dem ein entsprechender Kooperationsvertrag geschlossen wurde.

Mit den Fahrern wird in regelmäßigen Abständen ein Termin für allgemeine Absprachen, Probleme und Verbesserungen vereinbart. Die Planung des Fahrdienstes erfolgt durch die Leitung der Tagespflege. Sie stellt die Touren für den jeweiligen Tag zusammen, vereinbart die Zeiten mit den Gästen und Angehörigen in Absprache mit den Fahrern.

Praxistipp: Fahrer sind mehr auch Kontaktpersonen

Die Fahrer kümmern sich um den Transport, übernehmen den telefonischen Kontakt mit Gästen und Angehörigen hinsichtlich der Ankunftszeiten oder bei Verspätungen. Sollten sich Änderungen ergeben, informiert der Fahrer die Mitarbeitenden der Tagespflege und umgekehrt. Verspätet sich etwa der Fahrdienst, wird Gast bzw. Bezugsperson informiert.

Die Fahrzeuge sind auch für den Transport im Rollstuhl geeignet. Ein Treppenlift sorgt dafür, dass unsere Gäste auch dann zu uns kommen können, wenn sie zwar im Rollstuhl sitzen, ihr Haus aber nicht über einen Aufzug verfügt. Die Fahrzeuge stehen nach Absprache auch für Ausflüge zur Verfügung.

Zu unserem Konzept gehört es, dass regelmäßig eine Begleitperson aus der Tagespflege einbezogen ist, die die Tagesgäste an bzw. in ihren Wohnungen abholt und nach Hause bringt. Dies sind in der Regel Mitarbeitende des Freiwilligen Sozialen Jahres sowie Teilnehmer aus dem Programm der Bundesfreiwilligendienste oder auch Fachkräfte der Tagespflege. Denn die Betreuung und Beziehungsarbeit beginnt bereits mit dem ersten Kontakt der Tagesgäste.

So lassen sich morgens oder nachmittags wichtige Informationen mit Angehörigen oder Pflegepersonen austauschen, die ansonsten Telefonate oder weitere Gesprächstermine erfordern würden. Manchmal ist es auch hilfreich, dass sich die Mitarbeitenden der Tagespflege einen Eindruck des Wohnumfeldes machen, um ggfs. hinsichtlich weiterer Hilfs- oder Unterstützungsangebote zu beraten.

Die Begleitperson holt die Gäste ab, an der Wohnungstür oder in der Wohnung. Manche Gäste brauchen Hilfestellungen beim Anziehen der Kleidung und müssen daran erinnert werden, Prothesen oder Brillen mitzunehmen.

Praxistipp: Begleitperson als Ansprechpartner

Oft ist die Begleitperson morgens der erste Ansprechpartner für die Gäste. Sie kann auch direkt in der Häuslichkeit beraten oder sich mit den Angehörigen austauschen. Vertrauenswürdigkeit und Zuverlässigkeit sind wichtige Aspekte bei einer Begleitperson.

Die Begleitpersonen sind im Umgang mit Menschen mit Demenz sowie im Verhalten in Notfallsituationen geschult. Es kommt vor, dass unsere Gäste am Morgen verwirrt sind. Dann ist es wichtig, dass sie beruhigt und motiviert werden, die Tagespflege zu besuchen. Wir sehen es als großen Vorteil, dass bei der Beförderung neben dem Fahrer immer auch eine Begleitperson anwesend ist. So bleiben Gäste im Auto nicht allein. Bei unruhigen Gästen sorgt die Begleitperson für die notwendige Sicherheit während der Fahrt.

2.7 Die Finanzierung der Tagespflege

Die Finanzierung der Tagespflege erfolgt auf der Basis einer Vergütungsvereinbarung, die individuell zwischen den Trägern der Einrichtung und Pflegekassen sowie Sozialhilfeträger ausgehandelt wird. Pflegesätze und Entgelte setzen sich zusammen aus dem Betrag für die allgemeinen Pflege- und Betreuungsleistungen, den Kosten für Unterkunft und Verpflegung sowie den Beförderungskosten. Ggfs. sind noch weitere Vereinbarungen zu treffen, wie Zuschläge für die Altenpflegeausbildung, eine individuelle Entgeltminderung bei Sonden-Ernährung oder die halbtägige Betreuung von Tagesgästen.

Die Pflegekasse übernimmt die Kosten für die allgemeinen Pflege- und Betreuungskosten sowie für die Fahrtkosten in Höhe des verhandelten Betrages. Diese sind in den meisten Bundesländern gesondert ausgewiesen und werden bei Nichtinanspruchnahme der Beförderung auch nicht berechnet. Sofern ein externer Dienstleister mit der Beförderung beauftragt wird, ist dies vertraglich zwischen Tagespflege und Fahrdienst zu regeln. Die externen Fahrdienste können nicht direkt mit den Pflegekassen abrechnen.

Die Kosten für Unterkunft und Verpflegung sind von den Tagesgästen selbst zu tragen. Ggfs. können weitere Leistungen der Pflegeversicherung für die teilstationäre Pflege verwendet werden, wie Betreuungsleistungen nach § 45 b SGB XI und Verhinderungspflege nach § 39 SGB XI. Wenngleich sich seit dem 1. Januar 2015 die Finanzierung vereinfacht hat, da die Inanspruchnahme von Tagespflege nicht mehr mit den Leistungen der ambulanten Pflege verrechnet wird, ist eine individuelle Beratung hinsichtlich des Einsatzes weiterer zur Verfügung stehender Geldmittel geboten.

Zusätzlich können noch sogenannte Investitionskosten, also Kosten für Anschaffung und Instandsetzung von Gebäuden und technischen Anlagen, Miete, Pacht, Fahrzeuge etc. entstehen, sofern diese nicht oder nicht vollständig durch öffentliche Förderung übernommen werden. Diese Kosten sind ebenfalls von den Gästen der Tagespflege zu tragen.

Eigenständiger Anspruch auf Sachleistungen für die Tagespflege

Mit dem ersten Pflegestärkungsgesetz ist ein eigenständiger Anspruch auf Sachleistungen für die Tagespflege entstanden. Die bisher komplizierte Berechnung und Aufteilung der Beträge bei gleichzeitiger Inanspruchnahme von ambulanten Pflegeleistungen ist dadurch erfreulicherweise weggefallen. Die zusätzlich zur Verfügung stehenden Mittel dürften für viele Pflegebedürftige und ihre Angehörigen ein Anreiz sein, das Angebot einer Tagespflege zu nutzen.

Wenn Tagespflegegäste die finanziellen Kosten nicht selbst tragen können, springt gegebenenfalls der Sozialhilfeträger ein. Die ausführliche Beratung der Tagespflegegäste und ihrer Angehörigen über die Möglichkeiten der Inanspruchnahme von Tagespflege und ggfs. weiteren Leistungen einschließlich der anfallenden Kosten ist ein wichtiger Schritt vor der Vertragsgestaltung. Dieses Gespräch wird in der Regel durch die verantwortliche Pflegefachkraft oder ihre Stellvertretung geführt. Es ist der Schlüssel bei der Gestaltung einer vertrauensvollen Beziehung zwischen Kunden und Anbieter (vgl. Kapitel 4.3.2).

2.8 Die Vernetzung mit der Umgebung

Unsere Tagespflege ist eingebunden in ein integratives, ambulantes Seniorenzentrum. Das ermöglicht gemeinsame Veranstaltungen und Feste. So feiern wir mit den Senioren des Hauses verschiedene Feste und besuchen gemeinsame Veranstaltungen. Außerdem nehmen einige der Hausbewohner auch das Angebot der Tagespflege wahr, sodass wir für Bewohner des Hauses auch die Unterstützung bei Hilfebedarf gewährleisten können. Überwiegend leben die Hausbewohner selbstständig und kommen sehr gut allein zurecht. Es kommt aber vor, dass Einzelne keine sozialen Kontakte mehr ausüben können. Sie besuchen stattdessen an einigen Tagen in der Woche unsere

Tagespflege. Grundsätzlich stehen unsere Räume allen anderen immer für einen Besuch offen. Jeder ist auf eine Tasse Kaffee herzlich willkommen.

Viele unserer Veranstaltungen werden auch von Besuchern aus der Umgebung genutzt. So kommen beim Gesundheitstag Besucher des Hauses, Gäste der Tagespflege und ältere Menschen aus der Umgebung zusammen, um gemeinsam einen Tag mit sportlichen und geistigen Aktivitäten zu verbringen. Neben dem Kontakt unserer Gäste zu den Menschen aus der Umgebung, versuchen wir durch die Öffnung der Tagespflege ein neues Altersbild zu schaffen. Es geht nicht nur um kranke und pflegebedürftige Menschen, sondern um Menschen mit einer interessanten Vergangenheit, vielen Erlebnissen und individuellen Fähigkeiten. Das erfahren die Besucher aus der Umgebung an diesen Tagen hautnah.

Durch spezielle Veranstaltungen, zu denen auch Anwohner eingeladen werden, kommen unsere Gäste mit Menschen aus der Umgebung in Kontakt. Eine Zusammenarbeit findet mit der naheliegenden evangelischen Kirche statt, sodass unsere Gäste jederzeit die Möglichkeit haben, auch ihren religiösen Bedürfnissen nachzugehen.

Einige Veranstaltungen ermöglichen eine generationsübergreifende Zusammenarbeit mit Kindern, wie etwa Theater- und Bastelnachmittage.

Manchmal laden wir »Experten« ein, die über bestimmte Themen informieren. Da hält dann ein Verkehrssicherheitsbeamter zum Beispiel einen Vortrag zum Thema Sicherheit im Straßenverkehr. Leicht verständlich erklärt er unseren Senioren, was in der dunklen Jahreszeit bei Wind und Wetter auf der Straße zu beachten ist, wie sie sich im Straßenverkehr verhalten müssen und auf was sie bei der Kleidung achten sollten. Er zeigt den Senioren alltägliche Gefahrensituationen aus der Umgebung. Unsere Gäste können ihre Probleme bei vereistem Boden, zu kurzen Grünphasen an Ampeln und rasenden Autofahrern schildern.

Oder ein Polizist informiert ein eifrig lauschendes Publikum darüber, dass sie am Telefon absolut keine persönlichen Daten preisgeben dürfen. Schon gar nicht, wenn der Anrufer behauptet, dass man bei einem Preisausschreiben gewonnen habe. Da viele unserer Gäste ansonsten allein zu Hause leben, sind solche Tipps sehr hilfreich.

3 PROZESS- UND ERGEBNISQUALITÄT

3.1 Kernaussagen unseres Leitbildes

Unser primäres Ziel ist es, dass unsere Tagesgäste so lange wie möglich in ihrer eigenen Umgebung bleiben können und dass ihre Zufriedenheit und Lebensqualität erhalten und gefördert wird. Besonderen Wert legen wir daher auf unser Pflegeleitbild. Für alle Mitarbeiter handlungsleitend sind folgende Kernaussagen:

- Wir behandeln jeden Menschen mit Würde und Respekt.
- Wir beziehen den pflege- bzw. hilfebedürftigen Menschen und seine Angehörigen in den Pflegeprozess mit ein.
- Der Mensch ist mehr als die Summe seiner Einzelteile. Er ist eine untrennbare Einheit, bestehend aus Körper, Seele und Geist. Daraus entstehende individuelle Bedürfnisse werden ebenso individuell ausgelebt und sind entsprechend zu berücksichtigen
- Wir berücksichtigen, dass jeder Mensch eine eigene Lebensgeschichte hat, die ihn prägte und zum Handeln veranlasst.
- Wir wollen jeden Menschen fähig sein lassen, sich zu entwickeln, zu wachsen und sich selbst zu verwirklichen.
- Alle Mitarbeitenden sind durch Fortbildungen nach den neuesten pflegewissenschaftlichen Erkenntnissen stets auf dem laufenden Stand der Pflegeforschung und Pflegewissenschaft.

3.2 Unser Konzept – auf die Zufriedenheit der Gäste kommt es an

3.2.1 Wir betrachten nicht die Krankheit, sondern die Bedürfnisse

Unsere Tagespflege ist eine geriatrische Tagespflege. Alle älteren Menschen mit einem Pflege- bzw. Betreuungsbedarf können unsere Gäste werden. Es ist für uns wichtig, sie nicht auf Grund ihrer Erkrankungen zu betreuen, sondern in erster Linie orientiert an ihren Wünschen und Bedürfnissen. Diese sind bei vielen älteren Menschen ähnlich. Es geht vor allem um Zufriedenheit, Akzeptanz und Wertschätzung. Darauf richten wir unseren Schwerpunkt bei der Gestaltung des Tagesablaufs. So versuchen wir, die Gäste in alle Arbeiten einzubeziehen und durch Lob und Anerkennung zu motivieren.

Praxistipp: Kleingruppen bilden

Um Problemen durch die heterogene Gruppe, aber auch durch unterschiedliche Vorstellungen und Akzeptanz gegenüber anderen älteren Menschen vorzubeugen, bieten wir viele Aktivitäten in kleineren Gruppen an. Diese Gruppen werden je nach Angebot aus verschiedenen Gästen zusammengesetzt. So gibt es etwa ein Angebot, das besonders für Menschen mit Problemen des Kurzzeitgedächtnisses geeignet ist oder eines für Menschen mit Schwierigkeiten in der Orientierung.

Individuelle Angebote folgen den Ressourcen, sodass Menschen mit einer demenziellen Erkrankung in der Tagespflege eine besondere Form der Pflege und Betreuung erhalten. Im Aufnahmeverfahren nutzen wir verschiedene anerkannte Assessmentinstrumente, z. B. aus dem Geriatrischen Basisassessment die Mini Mental State Examination (MMST) sowie die Geriatrische Depressionsskala (GDS), die wir mit dem Gast gemeinsam durchführen. So können wir frühzeitig eventuelle Einschränkungen im Verhalten und im Bereich der kognitiven Fähigkeiten erkennen.

Alle pflegespezifischen Fragestellungen passen wir unter Berücksichtigung der neuesten wissenschaftlichen Erkenntnisse ständig an die Bedürfnisse unserer demenziell erkrankten Tagesgäste an. So nutzen wir etwa eine speziell angepasste Schmerzerfassung, die BESD (Beurteilung von Schmerzen bei Demenz[15]). Bei der Ernährung erfassen wir in der täglichen Tagesstrukturierung alle Problembereiche und beziehen Rituale mit ein. So erreichen und sichern wir einen ausgewogenen Ernährungsansatz.

Diese Erkenntnisse nutzen wir in der Beratung, ggfs. empfiehlt sich eine fachärztliche Diagnostik, so noch nicht vorhanden. Weiterhin ermöglicht diese strukturierte Erfassung eine genauere Pflegeplanung. Die Erhebung biografischer Informationen hat für unsere Arbeit eine hohe Bedeutung, weil wir so bestimmte Verhaltensweisen, Neigungen und Vorlieben besser verstehen können.

Im Umgang mit unseren Gästen sind uns folgende Aspekte besonders wichtig:

- Kommunikation mit Menschen mit Demenz beispielsweise durch das Verwenden kurzer, einfacher Sätze.
- Orientierung durch das Ausschreiben von Wochentag, Datum, das sichtbare Anbringen von Uhren.
- Biografiearbeit, z. B. in Verbindung mit Erinnerungskisten, Sportrunden etc. Einzel- und Gruppengespräche über zurückliegende Ereignisse, Wünsche und Sorgen.
- Vorgabe von Tagesstrukturierung durch geregelte Tagesabläufe bei der Einnahme von Mahlzeiten und der Organisation von Veranstaltungen.

15 Vgl. www.dgss.org/fileadmin/pdf/BESD_Kurzanleitung_130626.pdf [Zugriff am 29.05.2015]

3.2.2 Wir betreuen individuell

Unsere Gäste erhalten in der Tagespflege eine auf sie abgestimmte Betreuung. Entsprechend ihrer Fähigkeiten werden sie während des Tages begleitet und angeleitet. Der Tag beginnt mit einem gemeinsamen Frühstück. Die Gäste werden dabei zur Übernahme von Tätigkeiten motiviert, indem wir sie bei den Vor- und Nachbereitungen einbeziehen. Unsere Gäste sollen immer wieder das Gefühl bekommen, gebraucht zu werden. Wir motivieren sie, indem wir ihnen deutlich machen, dass wir ihre Hilfe benötigen, weil wir diese Tätigkeiten noch nie oder vor langer Zeit das letzte Mal durchgeführt haben.

Durch Betreuungs- und Aktivierungsangebote in den Bereichen Bewegung, geistiger Aktivität und alltagspraktischem Training (vgl. Kapitel 4.1) kann das Voranschreiten bestimmter Formen von demenziellen Erkrankungen nachhaltig und ohne die Hilfe von Medikamenten verzögert werden. Dieser Ansatz findet sich auch in einer Studie von Forschern um Professor Dr. Elmar Gräßel von der Psychiatrischen und Psychotherapeutischen Klinik am Universitätsklinikum der Friedrich-Alexander-Universität Erlangen-Nürnberg (FAU) wieder, die zum MAKS-Programm forschten.

Das MAKS-Programm

Das MAKS-Programm (die Abkürzung steht für »**m**otorisch, **a**lltagspraktisch, **k**ognitiv und **s**pirituell«) umfasst ein ganzheitliches Therapiekonzept, das auf Bewegung, Denken und Selbstständigkeit im Alltag einwirkt. Sportspiele wie Bowling und Krocket, Gleichgewichtsübungen und kognitive Aufgaben wie Buchstabenrätsel sind Bestandteile des Programms, aber auch Alltagsaktivitäten (vgl. Kapitel 4.1.2) wie das Zubereiten von Essen, Gartenarbeit und Basteln.

Darüber hinaus schließt die MAKS-Therapie ein »spirituelles Element« ein, das auch existenziellen Fragen des höheren Lebensalters Rechnung trägt, aber auch musikalische Elemente einschließt.[16] Zusammenfassend zeigen sich folgende Effekte der MAKS-Therapie:

Sie

- ist wirksam vor allem hinsichtlich alltagspraktischer Fähigkeiten, aber auch hinsichtlich Gedächtnis- und Denkfähigkeit (keine weitere Verschlechterung im systematischen Therapiezeitraum von 12 Monaten);
- verschafft den Teilnehmenden eine positiv erlebte Zeit in Gemeinschaft;

---

[16] Eichenseer, B. & Gräßel, E. (2015). Aktivierungstherapie für Menschen mit Demenz. München: Urban&Fischer, 2. Auflage

- verbessert die Stimmung durch Verminderung der Depressivität;
- verbessert das Verhalten, indem sie das soziale Miteinander fördert und herausfordernde (»störende«) Verhaltensweisen vermindert;
- wirkt genauso intensiv auf die Kognition wie die zur Zeit effektivsten Medikamente gegen die Alzheimer-Demenz (etwa gleiche Effektstärke);
- wirkt intensiver auf die alltagspraktischen Fähigkeiten als die zur Zeit effektivsten Medikamente gegen Alzheimer-Demenz (größere Effektstärke);
- wirkt mindestens zwölf Monate lang und damit wahrscheinlich länger als die zur Zeit effektivsten Medikamente gegen Alzheimer-Demenz (die Wirksamkeit hier ist für sechs Monate untersucht worden);
- wirkt ohne Nebenwirkungen.

Noch zehn Monate nach Ende einer systematischen MAKS-Therapie ist ein relevanter Therapieeffekt festzustellen, obwohl die Fähigkeiten durchschnittlich wieder nachlassen.[17]

Mit anderen, aber ebenfalls eindrücklichen Worten, schildert es eine Angehörige: »Durch das Konzept der Tagespflege war es meiner Mutter möglich, noch viele Monate in der eigenen Häuslichkeit zu leben. Die medikamentöse Therapie kam dadurch viel später als wir erwartet haben.«

Die Autoren Zank & Schacke kommen zu einem ähnlichen Ergebnis: »Oberstes Ziel ist ein möglichst normales und selbstständiges Leben. Die Lebensqualität der Betroffenen kann durch Schaffung eines entsprechenden Milieus deutlich verbessert werden. In einer Untersuchung zu Tagespflegen konnte nachgewiesen werden, dass der Besuch einer solchen Einrichtung das Wohlbefinden der Betroffenen im Vergleich zu einer Kontrollgruppe deutlich erhöht. Ziel dieser Studie war es, die Auswirkungen des Besuchs gerontopsychiatrischer und geriatrischer Tagesstätten auf ihre Patienten und deren Angehörige zu evaluieren.

Im Rahmen eines neunmonatigen Längsschnitt-Vergleichsgruppen-Designs wurde untersucht, ob der Besuch einer Tagespflegeeinrichtung Auswirkungen auf die überwiegend demenziell oder depressiv erkrankten Patienten und ihre Angehörigen hat. Die Tagesstätten-Besucher und die Probanden der Vergleichsgruppe wurden hinsichtlich der Merkmale Alter, Geschlecht, Gesundheit, kognitiver Status und Sozialstatus parallelisiert. Die Datensammlung umfasste verschiedene Informationsquellen (Patienten, Angehörige, Mitarbeiter, trainierte Beobachter) und Erhebungsmethoden (quantitative und qualitative Verfahren). Es wurden sowohl emotionale und kognitive

17 Vgl. Gräßel, M. (o.J.). Zusammenfassung der Ergebnisse des Projekts »MAKS«. Im Internet: http://www.maks-aktiv.de/fileadmin/user_upload/MAKS_aktiv/Pressemappe/Kurzfassung_der_MAKS-Studie_und_ihrer_Ergebnisse.pdf [Zugriff am 07.04.2015]

Merkmale als auch konkret beobachtbare Verhaltensweisen der Patienten erhoben. Insgesamt wurden 43 Tagesstätten-Besucher und 40 Probanden der Vergleichsgruppe sowie 20 pflegende Angehörige der Besucher und 23 pflegende Angehörige der Vergleichsgruppe mehrfach befragt.

Die Ergebnisse der quantitativen Erhebung belegen signifikante positive Auswirkungen des Tagesstätten-Besuchs auf das Wohlbefinden der Patienten dahingehend, dass eine Stabilisierung oder Verbesserung der Besucher auf Variablen zur Lebenszufriedenheit, Depression und wahrgenommene sozialen Unterstützung nachzuweisen ist, während sich die Probanden der Vergleichsgruppe verschlechtern. Signifikante Verlaufsunterschiede der Gruppen finden sich ebenfalls bei den nicht kognitiven Demenzsymptomen. Die Tagesstätten-Besucher verringern ihre nicht-kognitiven Demenzsymptome, die in der Vergleichsgruppe nehmen zu. Weiterhin zeigt sich eine signifikante gesundheitliche Verschlechterung der Vergleichsgruppe bei einer Follow-Up-Erhebung nach 15 Monaten.

Die Ergebnisse zu den pflegenden Angehörigen belegen keine Effekte bei den standardisierten Erhebungsinstrumenten. Die Ergebnisse der qualitativen Befragungen, die mit Hilfe von Inhaltsanalysen einer statistischen Auswertung zugänglich gemacht wurde, belegen signifikante Entlastungen in mehreren Bereichen. Konflikte zwischen beruflichen Notwendigkeiten und Pflegeaufgaben sowie Probleme durch die Unvereinbarkeit familiärer Anforderungen und Pflege werden durch den Tagesstätten-Besuch reduziert und nehmen bei den Angehörigen der Vergleichsgruppe zu. Darüber hinaus können die Angehörigen der Tagestätten-Besucher vermehrt eigene Bedürfnisse nach sozialen Kontakten verwirklichen und fühlen sich durch eine Reduktion spezifischer Verhaltensdefizite der Patienten entlastet. Diese Ergebnisse belegen, dass ein multimethodales Vorgehen, d. h. die Kombination qualitativer und quantitativer Erhebungsmethoden in der Evaluationsforschung sehr hilfreich sein kann.«[18]

3.2.3 Wir reaktivieren Gelerntes und (fast) Vergessenes

Um gelernte Verhaltensweisen zu behalten und vergessene Verhaltensweisen zu reaktivieren, legen wir besonderen Wert darauf, die Gäste bei allen Aktivitäten einzubeziehen. Dabei geht es vor allem um Tätigkeiten, die in ihrer eigenen Häuslichkeit eine große Rolle spielen, wie etwa die Vor-, Zu- und Nachbereitung von Mahlzeiten (z. B. Tischdecken, Einkaufen etc.). Banal, aber sehr wichtig ist es, dass alle Schränke für jeden Gast offen stehen, damit er nicht in seiner selbstständigen Entscheidung und Handlung eingeschränkt wird. Bei der Zubereitung der Mahlzeiten und der Einkaufs-

[18] Zank & Schacke (2002)Taschenbuch Kohlhammer und Urban, Demenzielle Erkrankungen – medizinische und psychosoziale Intervention S. 136, S. 145-146

gruppe der Tagespflege assistieren unsere Mitarbeiter. Die Entscheidungen treffen unsere Gäste aber eigenständig. Die Mahlzeiten werden in Buffet-Form angeboten. So kann jeder Gast seine Entscheidungen selber treffen und sich nur die Mengen auftun, die er wirklich essen möchte.

Selbstbestimmung fördert die Wertschätzung

Entscheidungen selbstständig zu treffen, hilft besonders Menschen mit Demenz, selbstbestimmt zu leben, sich selbst mehr wertzuschätzen und sich von anderen anerkannt zu fühlen.

3.2.4 Wir fördern die Alltagskompetenz

In den derzeit aktuellen Studien lässt sich die Verbesserung der Alltagskompetenz bei Menschen, die eine Tagespflege besuchen, nur schwer belegen.

Die Alltagskompetenz verbessert sich

Aus unserer Erfahrung heraus können wir sagen, dass sich die Kompetenzen unserer Gäste in ihrer Häuslichkeit verbessern, weil wir sie in der Tagespflege in die Alltagsaktivitäten einbeziehen. Eine Angehörige berichtete uns, dass ihre Mutter wieder begonnen habe, Pudding zu kochen, nachdem sie zuvor schon länger mit dem Kochen aufgehört hatte. Nun gibt es täglich Pudding, wenn die Tochter zu Besuch kommt.

Wir beobachten auch, dass unsere Gäste viele Aufgaben (Abwaschen, Abtrocknen usw.) gern übernehmen. Dies liegt sicher zum einen an der Motivationsfähigkeit unserer Mitarbeitenden; zum anderen aber auch daran, dass wir unseren Gästen diese Arbeiten auch überlassen. Wir loben sie sehr nachdrücklich dafür und signalisieren ihnen deutlich, dass wir ohne sie ziemlich hilflos wären.

In der Häuslichkeit kommen diese Arbeiten oft zu kurz, scheitern an Zeitmangel oder Überforderung. Unsere Gäste sind natürlich keine »Profis«. Wenn sie das Geschirr abwaschen, kann das auch mal bedeuten, dass es nochmal im Geschirrspüler landet, weil kein oder zu viel Spülmittel, kaltes Wasser oder nur ein kurzes trockenes Abwischen erfolgte. Dennoch loben wir unsere Gäste für ihren Einsatz. Wir überlassen ihnen auch das Einsortieren in die Schränke, auch wenn das bedeutet, dass am Ende eines Tages nichts mehr an seinem ursprünglichen Platz steht. In der Tagespflege ist die Zeit da. Zuhause ist dies oft nicht möglich. Für viele Angehörige wäre das eine unzumutbare Mehrbelastung.

3.2.5 Wir zeigen echtes Interesse

Was macht eigentlich unsere Zufriedenheit aus? Ist es unser körperlicher Zustand oder unser Handeln? Wie fühlen wir uns, wenn wir nicht mehr arbeiten gehen und keiner mehr unsere Hilfe braucht? Wie geht es uns damit, dass unsere Kinder ihr eigenes Leben leben und kaum noch Zeit für uns haben? Wie können wir zufrieden sein, wenn wir nicht mehr schnell laufen, schwer heben, komplex denken oder bei technischen Dingen nicht mehr mithalten?

Menschen mit Demenz unterscheiden sich in ihren Grundbedürfnissen nicht von uns. Den meisten Menschen ist es wichtig, etwas zu tun zu haben und stolz auf die eigene Leistung sein zu können. Das macht einen großen Teil des Selbstbewusstseins und somit auch der Zufriedenheit aus.

Interesse zeigen, voneinander lernen

Wir zeigen unseren Gästen, dass sie gebraucht werden. Sie spüren ehrlich, dass wir uns auf sie freuen, und dass sie uns eine Hilfe sind. Wir zeigen ihnen, dass wir gern von ihnen lernen, echtes Interesse an ihren Fähigkeiten haben und es für uns keine acht Stunden Arbeit sind, sondern acht Stunden des Zusammenlebens. Wir vermitteln jedem das Gefühl, ein Stück dazu beizutragen, dass wir einen schönen Tag haben, in dem sie schon morgens mitbestimmen, an welchen Aufgaben sie sich beteiligen.

Wir geben älteren Menschen das Gefühl, etwas bewirken zu können. Beschäftigung bedeutet, am Leben beteiligt zu sein. Daher ist es für viele Senioren wichtig, nicht nur einfach beschäftigt zu werden, sondern einen echten Beitrag zum Gruppen- oder Familienleben beizusteuern.

Für viele Senioren sollte sich nichts ändern, wenn der Alltag mit zunehmendem Alter und durch körperliche oder psychische Krankheit immer schwerer zu bewältigen wird. Tagespflegeeinrichtungen sollen ältere Menschen unterstützen, eine weitgehend selbstständige Lebensführung beizubehalten.

»Senioren über 85 Jahren wollen einer Umfrage zufolge stärker als aktiver Teil der Gesellschaft wahrgenommen werden. Das Wissen, von anderen Menschen gebraucht zu werden, trage stark zur Lebensqualität von Hochbetagten bei, erklärten die Verfasser einer in Köln veröffentlichten Studie des Generali Zukunftsfonds.[19] »Die Überzeugung, das eigene Wissen weiterzugeben, ist für Hochaltrige existenziell«, sagte Andreas

[19] Generali Zukunftsfonds & Kruse, A. (2013). Der Ältesten Rat. Generali Hochaltrigenstudie: Teilhabe im hohen Alter. Köln & Heidelberg [Zugriff am 07.04.2015]

Kruse, Direktor des Instituts für Gerontologie der Universität Heidelberg. Für die Studie wurden 400 Menschen im Alter zwischen 85 und 99 Jahren befragt. 76 Prozent von ihnen gaben an, Erfüllung vor allem in Begegnungen zu anderen Menschen zu finden.«[20]

3.2.6 Wir fördern Begegnungen und sind gemeinsam aktiv

Die Tagespflege als Ort der Begegnung bringt ältere Menschen in eine Gemeinschaft und fördert das soziale Miteinander. Gemeinsam werden die Zeit gestaltet und eigene Interessen verfolgt.

Neuer Sinn, neue Tagesstruktur

Durch Gespräche und Begegnungen, Musizieren und Basteln, Spaziergänge, Ausflüge, Sport und hauswirtschaftliche Tätigkeiten eröffnen sich Räume für das Miteinander, Wohlfühlen und Erleben. Die Tagespflege durchbricht damit die Isolation, die droht, wenn soziale Kontakte nicht mehr selbstständig aufrechterhalten werden können. Die Tage erhalten neue Inhalte und einen Sinn. Die Wochen sind strukturiert und mit Aufgaben gefüllt.

So berichtete uns eine Angehörige, dass sie sehr wohl gespürt habe, dass ihre Mutter das Bedürfnis hatte, auch noch etwas zu erleben und den Kontakt mit anderen Menschen brauchte. Bis dahin hatte sie jedoch keine Ahnung, dass es überhaupt so etwas wie eine Tagespflege gibt. Erst das Bezirksamt machte sie darauf aufmerksam, es doch einmal mit einer Tagespflege zu versuchen. Nachdem ihre Mutter die ersten Male in der »Villa Albrecht« war, tat sich Erstaunliches: Sie zog sich morgens besonders hübsch an, legte ihren Schmuck an und freute sich richtig darauf, dass sie abgeholt wurde. »Schon die Fahrt war für sie ein Erlebnis«, sagte die Angehörige. »Durch die Stadt zu fahren und sich alles anzuschauen, war bereits herrlich.« Für sie als Tochter war es nicht nur eine Entlastung, sondern richtig befriedigend, dass ihre Mutter auch etwas erlebte, wieder Ausflüge unternahm und allerlei kreative Sachen machte, wofür sie keine Zeit gehabt hatte.

Auch Frau Z. gehört zu unseren Gästen. Mittlerweile ist sie 98 Jahre alt, lebt aber immer noch allein in ihrer Dreizimmerwohnung. Die Tochter kann sich nicht täglich um sie kümmern. Einen Pflegedienst möchte Frau Z. aber auch nicht. »Ich mag keine fremden Menschen in meiner Wohnung und ich komme allein zurecht«, sagt

---

20 Kruse, A. (2014). Hochbetagte wollen sich mehr einbringen. In: Berliner Morgenpost vom 23.03.2014; vgl. auch Generali Zukunftsstudie 2013

sie. Ausgegangen sei sie viel in ihrem Leben. Hat gerne Menschen getroffen und etwas unternommen. Die Tagespflege ist die ideale Ergänzung für sie. Es muss niemand in ihre Wohnung kommen. Sie wird täglich abgeholt, um mit anderen gemeinsam einen schönen geselligen Tag zu erleben. Ihre Tochter ist beruhigt, dass die Mutter versorgt ist und Frau Z. freut sich auf die Gesellschaft und darauf zu Hause zu leben.

Die Ehefrau von Herrn M. erzählte uns: »Die Kontakte, die mein Mann früher hatte, habe ich abgebrochen. Er war Führungskraft und am Anfang habe ich ihn auch noch zu Treffen mit den Kollegen gefahren. Aber als sie mir erzählten, dass er ihren Gesprächen nicht mehr folgen konnte, stellten wir diese Besuche ein. Man weiß ja nicht, was geredet wird und weil mein Mann mal der Chef war, wollte ich ihn schützen. Er hätte auch nichts mehr von den Treffen gehabt. Unnötige Peinlichkeiten wollte ich ersparen.« In der Tagespflege hat Herr M. nun die Möglichkeit, neue Kontakte zu finden und der Isolation zu entkommen.

Ein wichtiger Tagespunkt sind für unsere Gäste der regelmäßige Sport und die Möglichkeit der Behandlungen durch einen Mitarbeiter der Physiotherapie. Für Frau T. war das ein entscheidendes Kriterium: »Ich hätte zu Hause nicht die Möglichkeit gehabt, meine Mutter zu einer Sportgruppe zu bringen«, sagt sie. »Ein weiteres Kriterium war für mich auch die Fülle der Angebote. Es ist gut zu wissen, dass meine Mutter Abwechslung hat, sich einbringen kann. Sie wird gefordert und gefördert in all den Dingen, die sie noch kann. Die Feinmotorik wird durch das gemeinsame Kochen und Backen trainiert. Sie schält so gern Kartoffeln, bastelt gern und bringt die Dinge stolz mit nach Hause. Es ist auch ganz wichtig, dass sie wieder eine Tagesstruktur hat. Dass sie morgens wieder aufstehen muss und sich anziehen muss – als müsste sie zur Arbeit.«

Eine Angehörige schrieb uns: »Ich bedanke mich noch einmal für die liebevolle Betreuung, mein Vater ist immer gern – wie er sagte – »zur Arbeit« gegangen. Der strukturierte Tagesablauf und die zu erfüllenden Aufgaben haben ihm sehr gut getan.«

Frau M., deren Mann regelmäßiger Gast unserer Einrichtung ist, entschied sich bewusst für uns: »Der erste Eindruck war schon sehr offen und freundlich. Diese hellen freundlichen Räume und vor allem das Konzept. Ich frage mich, was machen die Einrichtungen, wenn sie zum Beispiel das Essen geliefert bekommen? Seidenmalerei? – Das ist nichts für meinen Mann – das ist ihm völlig egal! Zeitung vorlesen? – Das interessiert ihn nicht mehr und er schläft dabei ein. Ich verstehe auch, dass die Menschen beschäftigt werden müssen, wenn sie um 9:00 Uhr kommen und es erst um 12:30 Uhr Mittagessen gibt. Die Sportgruppe und das gemeinsame Kochen, Einkaufen gehen, das sind Dinge, die sinnvoll sind, die zum täglichen Leben dazu gehören.«

Gartenarbeit. Manche Tätigkeiten sind reine Männersache – und werden gern im Team erledigt.

3.2.7 Wir sorgen dafür, dass das Leben zu Hause möglich bleibt

Eigene Wohnung – selbstständiges Leben

Die besondere Bedeutung unseres Tagespflege-Angebotes liegt darin, dass die eigene Wohnung und die vertraute Umgebung einschließlich der gewachsenen sozialen Beziehungen aufrechterhalten werden kann. Gleichzeitig können die notwendigen Pflege- und Betreuungsleistungen durch fachkundiges Personal in geeigneten Räumlichkeiten durchgeführt werden. Das ist für viele Angehörige ideal.

So berichtet eine Angehörige: »Eine stationäre Einrichtung kam für mich von Anfang an nicht in Frage. Ich wollte meine Mutter zu Hause betreuen. Ich kenne es gar nicht anders. Das war auch ein Aspekt, den ich bei der Pflegekasse angebracht habe. Ich brauchte die finanzielle Unterstützung der Pflegekasse, um sie weiterhin zu Hause betreuen und regelmäßig in die Tagespflege geben zu können. Wenn mir das verwehrt worden wäre, hätte ich nur die Wahl einer stationären Einrichtung gehabt, die finanziell eine viel höhere Belastung für alle gewesen wäre.«

Frau M. lebt mit ihrem Ehemann zu Hause. Er erkrankte vor einigen Jahren an einer frontotemporalen Demenz: »Meine »Lieblingssätze«, die ich von anderen höre, sind: »Ich würde meinen Mann niemals in ein Heim geben.« Dann denke ich immer: Niemand sollte so etwas sagen, der es nicht selbst erlebt hat. Durch die Tagespflege sind wir aber noch weit davon entfernt. Ich kann die Besuchstage erhöhen und habe dann auch wieder die Kraft, alles zu bewältigen. Gäbe es diese Einrichtung nicht, hätte ich die Entscheidung »Heim« schon treffen müssen. Ich hoffe, dass es noch lange so bleibt.«

Um diese Ziele zu erreichen, übernehmen die Mitarbeitenden in der Tagespflege vor allem betreuende Tätigkeiten, ergänzt durch pflegerische und administrative Tätigkeiten. Aber auch die Kommunikation und Motivation spielt eine entscheidende Rolle in unserem Konzept. Viele unserer Angehörigen und Kooperationspartner fragen uns, wie wir es schaffen, unsere Gäste zu motivieren, an Tätigkeiten teilzunehmen und die Betreuungsangebote aktiv mitzugestalten. Es war für uns von Anfang an wichtig, nicht die Rolle eines Dienstleisters zu übernehmen, sondern den Tagesablauf als Zusammenspiel aller Beteiligten zu erleben. Deshalb müssen wir richtig kommunizieren und motivieren. Nur so können wir dem Gast vermitteln, dass wir ihn in seinen Kompetenzen und Fähigkeiten wertschätzen und brauchen.

3.2.7.1 Richtig kommunizieren – Ich interessiere mich für dich

Richtig kommunizieren[21] heißt für uns vor allem, dass wir uns Zeit nehmen, den anderen wahrnehmen, seine Bedürfnisse, Wünsche und Sorgen erkennen. Bei der Kommunikation mit unseren Gästen und besonders bei der Kommunikation mit unseren an Demenz erkrankten Gästen, befolgen wir einige allgemeine Grundregeln:

- Wir nehmen uns Zeit.
- Wir wenden uns dem Gast zu.
- Wir schalten störende Geräuschquellen aus.
- Wir stellen Fragen, auf die mit Ja oder Nein geantwortet werden kann.
- Wir sprechen langsam und deutlich.
- Wir sprechen in einfachen, kurzen Sätzen.
- Wir vermeiden Gespräche, nach denen sich unsere Gäste unwohl fühlen oder gar minderwertig.
- Wir achten darauf, dass unsere Gäste in oder nach dem Gespräch weder wütend noch aufgeregt oder gar ängstlich sind.

Schwerhörigkeit, bedingt durch fehlende Hörgeräte, ist eines der Haupterschwernisse einer guten Kommunikation. Weil aber unsere Mitarbeitenden den Fahrdienst morgens begleiten, kommt es nur selten vor, dass ein Hörgerät vergessen wird.

Um ein gutes Gespräch zu beginnen, zu dem der Erkrankte auch etwas beitragen kann, eignen sich Themen wie Essen, Wetter, Kleidung und Wohlbefinden. Wir haben die Erfahrung gemacht, dass bei Frauen gerade das Gespräch über die Kleidung immer ein Lächeln aufs Gesicht zaubert. Sie wissen oft noch sehr genau, wo sie dieses oder jenes Kleidungsstück gekauft haben.

---

[21] Vgl. Bausteine Demenz »Die Sprache Demenzbetroffener verstehen.«, S. 10. In: Demenz. Das Magazin 20/2014. Hannover: Brinkmann Meyhöfer

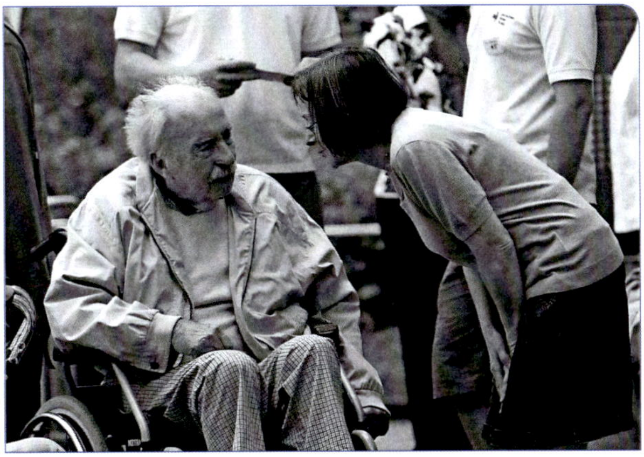

Kommunikation. Die Ebene stimmt, wenn ein Gespräch auf Augenhöhe geführt wird.

Natürlich kann man auch über biografische Erlebnisse sprechen. Aber dann vornehmlich auf solche, auf die unsere Gäste mit Stolz und Freude reagieren. Auch an Ausflüge oder Veranstaltungen erinnern sich unsere Gäste immer wieder gern. Oft gibt es auch schöne Reaktionen, wenn wir ihre Fähigkeiten und ihr Wissen ansprechen. Frau S. erzählt zum Beispiel immer wieder gern die Geschichte, als wir einen Ausflug gemacht haben und von einem Gewitter überrascht wurden: »Weißt du noch, als wir in dem Park so nass geworden sind? Es hat so geregnet und es hat trotzdem so einen Spaß gemacht …« Wenn Frau S. sich mal ärgert oder traurig ist, beginnen wir mit dieser Geschichte und die Erinnerung lässt sie aufleben.

Realität ist, was der Gast glaubt

Wenn wir biografisches Wissen ins Gespräch einfließen lassen, achten wir darauf, dass es nicht unbedingt um die Wahrheit oder Richtigkeit geht, sondern darum, den Gast an seine Identität zu erinnern. Ziel ist es, ihm Freude damit zu bereiten, dass wir uns für sein Leben und seine Hobbys interessieren. Wenn also eine Dame vor unserem Büro steht und sagt: »Mensch, das ist doch die Wohnung meiner Tochter!«, dann fragen wir höflich, ob es in Ordnung ist, dass wir gerade in der Wohnung ihrer Tochter sitzen.

Diese Art von Kommunikation beruht auf der Grundlage der Validation. Unsere festen Mitarbeitenden haben alle eine entsprechende Weiterbildungsveranstaltung nach Naomi Feil[22] besucht. In der Validation wird versucht, mit dem Menschen eine Kommunikationsebene zu finden. Dabei gehört es genauso dazu, das Gegenüber wertzu-

22 Literaturtipp: Feil, N. & Klerk-Rubin, V. de (2013). Validation: Ein Weg zum Verständnis verwirrter alter Menschen. München: Reinhardt

schätzen wie auf seine Verhaltensweisen und Äußerungen zu reagieren. Dabei sind vor allem drei Grundsätze wichtig:

1. Ich akzeptiere die Wahrnehmung meines Gegenübers und widerspreche ihm nicht.
2. Ich begleite ihn in seiner Gefühlswelt und stehe ihm einfühlend zur Seite.
3. Ich bleibe ehrlich in meinen Gefühlen. Gerade Menschen mit kognitiven Einschränkungen merken schnell, wenn man nicht ehrlich ist oder ihnen etwas vormacht.

Deshalb ist es uns so wichtig, unsere Gäste in ihre Welt zu begleiten und diese zu erleben. Nicht wir bestimmen die Realität, sondern sie. Wir wollen keine Ängste auslösen und die Gäste nicht verwirren. Wir begleiten sie wortwörtlich in ihre Welt: Als ein Gast eines Morgens seine Mitarbeiter suchte, regte ihn das sehr auf. Er hatte ihnen etwas sehr Wichtiges mitzuteilen. Also nahmen wir ihn mit in unsere morgendliche Teamsitzung. Er »schrieb Protokoll« und wir baten ihn gelegentlich um seine Meinung bei einem Thema. Genauso suchten wir schon entflohene Elefanten oder unterhalten uns über verstorbene Ehemänner, als würden sie noch leben.

Entscheidungsfragen können Stress und Unsicherheit auslösen. In einem fortgeschrittenen Krankheitsstadium der Demenz kann es passieren, dass unser Gegenüber die Frage »Was möchten Sie trinken?« nicht versteht. Sollte er also nicht antworten können, formulieren wir die Frage um: »Möchten Sie eine Tasse Kaffee?« oder »Möchten Sie eine Tasse Kakao?«

Wir spielen den Gästen nichts vor, sondern wir haben echtes Interesse an ihnen. Wir versuchen, ihre Emotionen zu erspüren, orientieren uns an ihrer persönlichen Sicht und Erlebenswelt.

3.2.7.2 Den Sprachgebrauch berücksichtigen – Ich kenne deine Welt

Viele Umgangsformen und Begriffe sind jungen Menschen heute eher unbekannt. Es ist unsere Aufgabe, die Weltsicht unserer Gäste zu teilen. Das bedeutet auch, dass wir wissen, was man »früher« sagte. Ein Beispiel dafür ist die 95-jährige Frau C. Bei einer Rechenübung wurde sie gefragt, wie viel 50 **minus** 5 seien. Sie zuckte mit den Schultern. »Das weiß ich nicht«, sagte sie. Jetzt könnte man vermuten, dass sie einfach nicht (mehr) rechnen kann. Das war aber falsch. Als wir Frau C. fragten: »Wie viel ist 50 **weniger** 5?«, antwortet sie wie aus der Pistole geschossen: »45.«

Als Frau C. die Schule besuchte, verwendete man den Ausdruck »minus« nicht, sondern sagte schlicht »weniger«. Auch unsere Sprache hat ihre Trends, sie entwickelt sich weiter. Es ist also wichtig, unsere Gäste auch hin und wieder zu fragen, was man früher dazu gesagt hat oder wie man bestimmte Sachen bezeichnet hat, um auch die Gäste zu verstehen, die sich mit den alten Umgangsformen ausdrücken.

3.2.7.3 Behutsam motivieren – Ich brauche dich

Menschen werden prinzipiell gern um Erlaubnis und um Mithilfe[23] gebeten. Viele Menschen, die unser Konzept und unsere Tagespflege kennengelernt haben, fragen uns, wie wir es schaffen, dass unsere Gäste mit Freude Tätigkeiten übernehmen.

Oft helfen keine rationalen Argumente, um sie zu überzeugen, weil sie das nicht mehr verstehen. Manchmal lehnen unsere Gäste auch ab, weil sie nicht wissen, was auf sie zukommt. Sie können nicht mehr einschätzen, ob etwas gefährlich ist oder angemessen. Oft haben sie auch allen Mut verloren, weil sie zu oft darauf hingewiesen werden, was ihnen alles nicht mehr gelingt.

Wir verfolgen eine andere Strategie und appellieren an den Stolz und die Selbstständigkeit: »Sie haben das beim letzten Mal so toll gemacht und ich würde gern noch einmal von Ihnen lernen.« Eine gute Motivationsmöglichkeit ist auch: »Ich muss heute für 16 Gäste kochen. Das schaffe ich gar nicht allein, ich brauche dringend ihre Unterstützung«. Gerade Lob und Dank sollten dabei nicht zu kurz kommen. Genauso wie das Zutrauen: »Ich brauche jemanden, der auf das Portemonnaie achtet, wenn wir einkaufen gehen.« Das weckt ein Gefühl der Anerkennung.

Es gibt auch Gäste, die sich eher kooperativ zeigen, wenn für sie etwas Angenehmes dabei herausspringt. Manchmal bieten wir eine Art Tauschhandel an, bevor derjenige überhaupt danach fragt. Sitzen zum Beispiel alle Gäste nach dem Mittagessen am Tisch und eine Abtrocknen-Runde soll gestartet werden, lautet die Frage: »Ich würde gern nach dem Abwasch mit Ihnen ein Stück spazieren gehen, hilft mir jemand beim Abtrocknen?« Da greift bei allen das Sprichwort: Viele Hände – schnelles Ende.

Wenn man die Dinge »klein« redet, wie »nur ein bisschen« oder »gleich sind wir fertig« oder »nur eben kurz probieren« kann auch das zur Motivation beitragen. Gerade wenn der Aufwand sich als gering und leicht zu bewältigen darstellt, fällt vielen Gästen die Hilfe leichter.

[23] Vgl. Bausteine Demenz 2014, S. 12

4 BETREUUNG, PFLEGE, ADMINISTRATION – UNSERE GÄSTE UND WIR

Pflege ist für uns ein gleichberechtigter Prozess zwischen Hilfesuchenden und Hilfegebenden. Sie geschieht auf der Grundlage des Regelkreises des Pflegeprozesses und ist ein dynamischer Vorgang, der regelmäßig ausgewertet werden muss, um eine optimale Pflege zu gewährleisten. Pflege geschieht nicht isoliert von anderen an der Pflege beteiligten Personen und Berufsgruppen, sondern kooperiert mit ihnen.

Eine wichtige Voraussetzung für unsere Arbeit ist die Kenntnis der Biografie unserer Gäste. Natürlich respektieren wir es, wenn ein Tagesgast nicht über Vergangenes sprechen möchte, aber unsere überwiegende Erfahrung ist, dass Menschen sehr gern aus ihrem Leben berichten. Genau das kann helfen, ein passendes Angebot für den Gast zu finden. Außerdem unterstützen uns die biografischen Erkenntnisse dabei, die geistigen und körperlichen Ressourcen unserer Gäste für bestimmte Tätigkeiten zu ermitteln. Wir entwerfen ein entsprechendes Angebotsspektrum, von dem wir inzwischen wissen, dass es aufgrund der sorgfältigen Betrachtung der biografischen Prägung, der Ressourcen und der Umsetzung empfohlener Aktivierungen passen müsste.[24]

So auch im Fall von Frau Sch.: Früher arbeitete sie in einem sozialen Beruf, war in einem Kinderkrankenhaus für die Betreuung zuständig. Auch heute noch betreut sie gern andere Menschen. Sie kümmert sich in unserer Tagespflege um die Gäste, die ihrer Meinung nach Hilfe brauchen und geht auch in ihren Gesten und Worten sehr liebevoll mit ihnen um. Sie fühlt sich sehr geehrt, wenn sie um Hilfe gebeten wird und ist stets die Erste, die sich meldet, wenn man fragt. Wir alle spüren, dass es Frau Sch. erfüllt, für andere da zu sein. Sicherlich war das ein Grund, warum sie sich damals für einen sozialen Beruf entschied.

Frau Sch.'s Beispiel macht deutlich, dass die Kenntnis der beruflichen Biografie wichtig ist. Nur so kann ein Gast entsprechend seiner Bedürfnisse und Wünsche aktiviert werden. Doch es ist wichtig zu wissen, ob der erlernte Beruf auch gern ausgeübt wurde. Nur dann kann die berufliche Biografie positiv in die Aktivierung einfließen.

Dies ist nicht bei allen unseren Gästen der Fall: Herr S. arbeitete früher als Bäckermeister. Aus biografischer Sicht wäre die Backrunde eine passende Aktivität für ihn gewesen. Doch Herr S. wollte mit Backen nichts mehr zu tun haben. Die Bäckerei hatte er von seinen Eltern übernehmen müssen. Er hat das diszipliniert gemacht, aber heute

---

[24] Vgl. Bausteine Demenz (2014). Die eine singt, die andere nicht. In: Demenz. Das Magazin 23/14. Hannover: Brinkmann & Meyhöfer, S. 13

nimmt er lieber an Runden teil, die sich mit fremden Ländern und Reisen beschäftigen, da er nie dorthin reisen konnte. Außerdem ist er sehr glücklich damit, einfach nur auf der Couch zu liegen und zu schlafen. Schließlich musste er als Bäcker viele Jahre zu früher Morgenstunde aufstehen. Dem Wunsch nach Ruhe können wir aufgrund der biografischen Kenntnis gut nachgeben.

Biografie ja – aber eher als Orientierung

Biografische Kenntnisse können bei der Auswahl der Aktivitäten helfen. Sie sind aber nicht als alleinstehendes Merkmal zu betrachten, sondern bieten eher eine Orientierung. Sollten Gäste keine biografischen Angaben machen, respektieren wir das und versuchen, aktuellen Wünschen und Bedürfnissen nachzugehen.

Wir bemühen uns, die aktuellen Wünsche, Bedürfnisse und Probleme bei allen Gästen herauszufinden und in die Suche nach passenden Aktivitäten einzubeziehen. Manchmal kommen unsere Gäste aber auch zu völlig neuen Möglichkeiten, wie das Beispiel von Herrn P. zeigt: Herr P. besucht seit kurzem einmal in der Woche die Tagespflege. Seine Ehefrau erzählte uns, dass er früher Elektriker und gern handwerklich tätig war. Wir fragten Herrn P. also anfangs, ob er Lust habe, mit in die Männerrunde zu gehen. Doch er lehnte das Angebot ab, zögerlich zwar, aber entschieden. Als er kurze Zeit später am »Backzimmer« vorbeikam, fingen seine Augen plötzlich an zu leuchten. »Ich wollte früher immer Bäcker werden, aber irgendwie hat es nicht geklappt«, äußerte er auf unsere Nachfrage. »Darf ich wohl beim Kuchenbacken helfen?« Sicher durfte er und freut sich seither, in unserer Einrichtung seine Interessen ausleben zu können. Beim Gespräch mit der Ehefrau stellte sich heraus, dass sie nicht wusste, dass er eigentlich Bäcker werden wollte. Darüber hatten die Eheleute nie gesprochen.

Was für die Berufsbiografie gilt, gilt ebenso für die biografischen Daten in Bezug auf Hobbys, Kinder, Familie, Wohnen und Reisen. Alle Erkenntnisse helfen uns bei der täglichen Arbeit mit unseren Gästen.

4.1 Betreuung in der Tagespflege

Zu den Betreuungsmaßnahmen in der Tagespflege zählen Einzel- und Gruppenangebote im Bereich der Mobilität, der Ernährung, Hauswirtschaft und Kreativität. Das Ziel unserer Betreuungsmaßnahmen ist die Unterstützung der Selbstständigkeit und Selbstbestimmtheit in und außerhalb der Einrichtung. Dazu zählen auch spezielle Angebote für an Demenz erkrankte Gäste.

Zur Betreuung gehören alle regelmäßig stattfindenden Aktivitäten und alle Aktivitäten, die zusätzlich in die Wochenstruktur einfließen. Die regelmäßig stattfindenden Angebote stellen für unsere Gäste durch gleichbleibende Teilnehmer, gleiche Zeiten und Aktivitäten einen verlässlichen Rahmen dar. Dies gibt ihnen Sicherheit und Orientierung. Diese Strukturen lassen trotz allem Platz für aktuelle Wünsche, Interessen, Bedürfnisse und Befindlichkeiten und spielen bei der Gestaltung eine wichtige Rolle.

Unserer Erfahrung nach gibt es viele positive Effekte bei regelmäßig stattfindenden Aktivitäten:

- Die stets gleichbleibenden Zeiten und Orte unterstützen die Gäste darin, die Aktivität in ihre eigene Tagesstruktur einzubinden.
- Unsere Gäste können sich auf das Angebot einstellen – und sich schon im Vorfeld darauf freuen.
- Viele Gäste wählen ihre Besuchstage nach dem Gruppen- und Beschäftigungsangebot aus.
- Eine verlässliche zeitliche und örtliche Struktur ermöglicht Menschen mit kognitiven Einschränkungen das selbstständige Aufsuchen der Räumlichkeit und des Angebotes.
- Wiederholen sich in einer Gruppe Handlungsabläufe – wie zum Beispiel beim Sport oder beim Trommeln und Singen – werden diese mit der Zeit vertraut und es kann sicher darauf zurückgegriffen werden. So bildet sich Handlungskompetenz heraus. Sie kann erhalten werden und das vermittelt Sicherheit und baut Unsicherheit ab – mit direkter positiver Wirkung auf das Selbstwertempfinden.
- Verlässliche Strukturen helfen neuen Gästen bei der Eingewöhnung, weil unsere Stammgäste sie viel schneller in die gewohnten Abläufe einbeziehen können und ihnen als Partner mit ihrem Wissen zur Seite stehen können.[25]

Zu den zusätzlichen Angeboten und Veranstaltungen zählen je nach Interesse Besuche im Museum, Botanischen Garten und bekannten Plätzen, Veranstaltungen in anderen Einrichtungen, Tage der Gesundheit und das Spargelfest.

---

[25] Vgl. Bausteine. Demenz (2011). Handlungswissen für den beruflichen Alltag – Aktivierung. In: Demenz. Das Magazin, 11/2011, Hannover: Brinkmann & Meyhöfer, S. 6

Tabelle 1: Wochenplan

Montag	Dienstag	Mittwoch	Donnerstag	Freitag
Ankunft ab 8:00 Uhr	Ankunft ab 8:00 Uhr	Ankunft ab 8:00 Uhr	Ankunft ab 8:00 Uhr	Ankunft ab 8:00 Uhr
Frühstück/ Literatur 9:00 bis 10:15 Uhr	Frühstück/ Literatur 9:00 bis 10:15 Uhr	Frühstück/ Literatur 9:00 bis 10:15 Uhr	Frühstück/ Literatur 9:00 bis 10:15 Uhr	Frühstück/ Literatur 9:00 bis 10:15 Uhr
Kraft- und Balancetraining/ Bewegungsrunde 10:30 bis 11:30 Uhr	Kraft- und Balancetraining/ Bewegungsrunde 10:30 bis 11:30 Uhr	Kraft- und Balancetraining/ Bewegungsrunde 10:30 bis 11:30 Uhr	Kraft- und Balancetraining/ Bewegungsrunde 10:30 bis 11:30 Uhr	Kraft- und Balancetraining/ Bewegungsrunde 10:30 bis 11:30 Uhr
Individuelle Beschäftigung, kreatives Gestalten, Gedächtnistraining, Koch- und Backgruppe, Einkaufsgruppe 11:30 bis 12:30 Uhr	Individuelle Beschäftigung, Spaziergänge, Handwerker/ Gartenrunde, Gedächtnistraining, Koch- und Backgruppe 11:30 bis 13:00 Uhr	Individuelle Beschäftigung, Spaziergänge, kreatives Gestalten, Gedächtnistraining, Koch- und Backgruppe 11:30 bis 12:30 Uhr	Individuelle Beschäftigung, Spaziergänge, kreatives Gestalten, Gedächtnistraining, Koch- und Backgruppe, Einkaufsgruppe 11:30 bis 12:30 Uhr	Individuelle Beschäftigung, Spaziergänge, kreatives Gestalten, Gedächtnistraining, Koch- und Backgruppe 11:00 bis 13:00 Uhr
Mittagessen 13:00 bis 14:00 Uhr	Mittagessen 13:00 bis 14:00 Uhr	Mittagessen 13:00 bis 14:00 Uhr	Mittagessen 13:00 bis 14:00 Uhr	Mittagessen 13:00 bis 14:00 Uhr
Mittagsruhe/ Tanzcafé/Bingo/ Spaziergang 14:00 bis 15:00 Uhr	Mittagsruhe/ Spielrunden/ Kegeln/Chor/ Handarbeit 14:00 bis 15:00 Uhr	Mittagsruhe/ Spaziergang/ Drum Circle/ Spielrunde 14:00 bis 15:00 Uhr	Mittagsruhe/ Spielrunden/ Kreativrunde/ Garten 14:00 bis 15:00 Uhr	Mittagsruhe/ Chor/Spaziergang 14:00 bis 15:00 Uhr
Kaffee und Kuchen 15:00 bis 15:45 Uhr	Kaffee und Kuchen 15:00 bis 15:45 Uhr	Kaffee und Kuchen 15:00 bis 15:45 Uhr	Kaffee und Kuchen 15:00 bis 15:45 Uhr	Kaffee und Kuchen 15:00 bis 15:45 Uhr
Rückfahrt ab 16:00 Uhr	Rückfahrt ab 16:00 Uhr	Rückfahrt ab 16:00 Uhr	Rückfahrt ab 16:00 Uhr	Rückfahrt ab 16:00 Uhr

4.1.1 Der Bereich Mobilität

Bewegung kann präventiv wirken – das wissen auch die Vertragspartner, die den Expertenstandard »Erhaltung und Förderung der Mobilität« beim Deutschen Netzwerk für Qualitätsentwicklung (DNQP) in Auftrag gaben. Das geschah bereits 2013. Ende März 2014 wurde der Entwurf des Expertenstandards einer Fachkonferenz vorgestellt. Seit Anfang 2015 wird er in ausgewählten Einrichtungen modellhaft implementiert. Voraussichtlich Mitte 2016 sollen die Ergebnisse vorliegen. Erst dann entscheiden die Vertragspartner, ob der Expertenstandard in zugelassenen Pflegeeinrichtungen eingeführt wird.[26]

Wir haben uns bewusst dafür entschieden, die Erkenntnisse aus dem Entwurf des Expertenstandards bereits jetzt in der Praxis zu nutzen. Schon im Entwurf des Expertenstandards heißt es, dass Mobilität und Mobilitätserhaltung für pflegebedürftige Menschen und für Menschen, die von Pflegebedürftigkeit bedroht sind, von besonderer Wichtigkeit sind.

Mobilität ist die Basis

Mobilität ist in vielen Lebensbereichen eine grundlegende Voraussetzung für Selbstständigkeit und autonome Lebensführung, für soziale Teilhabe, Lebensqualität und subjektives Wohlbefinden.

Bewegungsmangel und Mobilitätseinbußen gehören zu den zentralen Risikofaktoren für schwerwiegende Gesundheitsprobleme. Sie sind zusammen mit kognitiven Beeinträchtigungen die wichtigsten Ursachen für eine dauerhafte Pflegebedürftigkeit. Mobilität entscheidet außerdem über das Ausmaß der Abhängigkeit von Fremdhilfe und besitzt damit eine zentrale Bedeutung für Lebensqualität und subjektives Wohlbefinden. Mobilität prägt die individuellen Gesundheitsrisiken pflegebedürftiger Menschen, ihre individuelle Lebensgestaltung und ihre Chancen auf gesellschaftliche Teilhabe. Deshalb sollten Mobilitätserhaltung und Mobilitätsverbesserung zentrale Ziele einer professionellen Pflege sein.

»Wo eine Demenz bereits eingesetzt hat, können Sport und Bewegung die Veränderungsprozesse verlangsamen. Alles in allem erweist sich Sport und Bewegung in Prävention und Behandlung als eines der besten Arzneimittel, die man sich vorstellen kann.«[27]

---

[26] Vgl. http://www.gkv-spitzenverband.de/pflegeversicherung/qualitaet_in_der_pflege/expertenstandards/expertenstandards.jsp [Zugriff am 14.04.2015]

[27] Kreutzner, G. (2014). Editorial. In: desssorientiert 2/14. Stuttgart: Demenz support, S. 1

Ergebnisse von Beobachtungsstudien[28] unterstützen eine dosisabhängige Beziehung zwischen körperlicher Bewegung und kognitiver Leistungsfähigkeit bei älteren Erwachsenen.[29] Studien beschreiben eine höhere Leistungsfähigkeit des Gehirns in Verbindung mit Bewegung, eine Steigerung des Selbstwertgefühls und der eigenen Persönlichkeit. All das macht es Menschen möglich, soziale Kontakte zu gestalten, zu halten und zu fördern.

Für ältere Menschen werden wenigstens 150 Minuten moderates Ausdauertraining innerhalb einer Woche oder wenigstens 75 Minuten intensives Ausdauertraining pro Woche empfohlen.[30] Das sind gut 30 Minuten am Tag. Das ist nicht viel, aber wir sind eine Gesellschaft im Bewegungsmangel: Bei den Über-50-Jährigen sind es nur 15 Prozent, die sich täglich mindestens 30 Minuten bewegen.[31] Der Bewegungsumfang von 30 Minuten wurde auch in den Expertenstandard »Erhaltung und Förderung der Mobilität« aufgenommen.

Bewegung und Demenz

Forschungsergebnisse zeigen, dass Bewegung das Risiko, an einer Demenz zu erkranken, um 30 bis 50 Prozent reduzieren kann. Bei bereits erkrankten Menschen verbessert Bewegung die kognitiven Funktionen signifikant.*

* Vgl. Rutenkröger 2014, S. 8

Neben moderater intensiver körperlicher Aktivität sollte auch ein intensiveres Training durchgeführt werden, weil es die neuroplastischen Vorgänge begünstigen kann. Ein Ausdauertraining wirkt sich positiv auf die Gehirnstruktur und die kognitiven Funktionen aus.[32] Zum Training zählt z. B. ein geeignetes Krafttraining, das sich auch für eine Sturzprävention eignet.

Stürze stellen insbesondere für ältere und kranke Menschen ein hohes Risiko dar. Stürze bedeuten häufig schwerwiegende Einschnitte in die bisherige Lebensführung. Es kommt zu Wunden und Frakturen, zu Einschränkungen des Bewegungsradius, weil das Vertrauen in die eigene Mobilität verlorengegangen ist. Am Ende steht manchmal die Aufgabe einer selbstständigen Lebensführung. Werden jedoch Balance und Kraft

[28] Vgl. Zeller, S. (2014). Aus sportwissenschaftlicher Perspektive. In: dessorientiert 2/14. Stuttgart, Demenz support, S. 14

[29] Vgl. ebd.

[30] Vgl. Kreutzner, G. (2014). Editorial. In: desssorientiert 2/14. Stuttgart: Demenz support

[31] Vgl. Rutenkröger, A. (2014). Bewegung trotz(t) Demenz. In: dessorientiert 2/14. Stuttgart: demenz support, S. 5

[32] Vgl. Zeller 2014, S. 13

verbessert, können Stürze vermieden werden. Und damit auch schwerwiegende Folgen wie Krankenhausaufenthalte etc.

In der Tagespflege versuchen wir die Balance, Bewegung und Kraft und somit die Mobilität durch verschiedene Angebote zu unterstützen. Dazu zählen das Kraft- und Balancetraining, das Bewegungstraining, Spaziergänge, Tanzen, Kegeln und alle anderen Bewegungsaktivitäten während des Tages.

4.1.1.1 Das Kraft- und Balancetraining

Jeweils zwei geschulte Mitarbeiter bieten jeden Tag ein einstündiges Kraft- und Balancetraining an, an dem pro Kurs maximal acht bis zehn Gäste teilnehmen. Im Rahmen eines Präventionsprogrammes der AOK Nordost wurden die Trainer nach dem »Ulmer Modell«[33] zu Multiplikatoren ausgebildet. Durch interne Schulungen konnten seither alle an der Pflege beteiligten Kollegen geschult werden, sodass das Training täglich stattfinden kann. In Kooperation mit einer Physiotherapiepraxis wird es regelmäßig überprüft.

Kraft- und Balancetraining

Das Kraft- und Balancetraining spricht ältere Menschen an, die ihre Mobilität und Sicherheit erhöhen möchten. Dazu gehören alle Gäste, die mit und ohne Hilfsmittel stehen können. Diese sollten mindestens zweimal wöchentlich am Kraft- und Balancetraining teilnehmen.

Ziel des Kraft- und Balancetrainings ist es, die Mobilität unserer Gäste zu fördern und das Sturzrisiko zu senken. Mit Hilfe des Trainings lernen sie, Gleichgewicht, Koordination, Reaktion und Kraft zu verbessern und gewinnen somit mehr Selbstvertrauen und Lebensfreude.

Die verantwortliche Pflegefachkraft bespricht im Vorfeld mit dem Trainingsgruppenleiter, wer für das Kraft- und Balancetraining geeignet ist. Gerade bei einer Neuaufnahme ist auf medizinische Kontraindikationen zu achten, ggf. sind diese mit dem Hausarzt abzuklären. Auch der Gast und seine Angehörigen werden über das Angebot informiert.

Zur Dokumentation führen wir eine Teilnehmerliste für jeden Wochentag. Der Trainingsgruppenleiter bereitet für jeden Gast die passenden Gewichte zum Training vor. Dabei hat jeder Teilnehmer seine individuelle Hantelgröße und Gewichtsmanschette. Jeder neue Gast beginnt mit dem geringsten Gewicht, um Überanstrengungen zu ver-

[33] Vgl. Becker, C. & Rißmann, B. (2009). Sturzprophylaxe: Sturzgefährdung und Sturzverhütung in Heimen. Hannover: Vincentz

meiden. Sollte im Laufe der Zeit eine Erhöhung notwendig werden, da die Kraftanstrengung zu wenig erscheint, werden diese Veränderungen vermerkt.

Die Gäste werden zu Beginn des Trainings in einem Stuhlkreis positioniert – mit ausreichend Platz zum Nachbarn. Vor jedem Teilnehmer steht ein weiterer Stuhl, damit er sich während der Übungen festhalten kann.

Das Training besteht aus zwei Teilen: Balance- und Krafttraining. Die Materialien für das Balancetraining sind Seile, Bälle und Bohnensäckchen.

4.1.1.2 Das Balancetraining

Das Balancetraining findet immer mit Musik statt. Das hat sich als sehr förderlich für die Motivation und Beweglichkeit der Teilnehmer erwiesen.

Die Gäste führen mindestens 25 Minuten lang Übungen im Stehen und zu rhythmischer Musik durch. Je nach Gesundheitszustand werden kurze Sitzpausen eingelegt. Jede Sequenz dauert ca. zwei Minuten und beinhaltet folgende Übungen: freies Gehen auf der Stelle (wenn möglich ohne Festhalten); beide Arme mitbewegen; große Schritte nach rechts, links, hinten und vorn; die Füße abwechselnd in der Luft kreisen (wenn möglich ohne Festhalten); Hände in die Hüften und Drehen des Beckens im Kreis.

Wenn Sie gerade auf der Suche nach guten Übungen sind – Wir zeigen Ihnen mal zwei:

Übungen mit dem Seil:

- Seil in beide Hände nehmen. Die Arme strecken, den gesamten Oberkörper nach links drehen und über die Schulter schauen. Dann nach rechts drehen. Danach kurz Arme ausschütteln. Schultern kreisen lassen.
- Seil in beide Hände nehmen. Hände hoch halten, über den Kopf in den Nacken legen. Hände wieder nach vorn.
- Das Seil so halten, als würde man sich den Rücken abtrocknen und mit dem Seil den Rücken entlang reiben. Seite wechseln – Hilfestellung geben.

Übungen mit den Bohnensäckchen:

- Sack in die Luft werfen und auffangen.
- Säckchen um den Körper bewegen: vorn und hinten immer im Kreis.
- Säckchen im Kreis um den Nacken bewegen.

Auch Übungen mit dem Ball oder Luftballon haben sich bewährt. Sie bereiten den Gästen viel Freude und fördern Motivation und Durchhaltevermögen. Am Ende des Balancetrainings gibt es für die Teilnehmer eine Trinkpause.

4.1.1.3 Das Krafttraining

Das Krafttraining wird in einer bestimmten Reihenfolge durchgeführt, wobei die einzelnen Muskelgruppen nach ihrer Wichtigkeit geordnet sind. Das Kraft- und Balancetraining sollte insgesamt nicht länger als 60 Minuten dauern. Sollten nicht alle Kraftübungen durchgeführt worden sein, ist sichergestellt, die wichtigsten trainiert zu haben. Das Training wird mit Uhrzeit und Datum in der Teilnahmeliste (Kraft- und Balanceordner) dokumentiert.

Mit Beginn des Trainings und dann im Abstand von drei bis fünf Monaten werden unsere Gäste anhand der Berg-Balance-Skala eingestuft. Die Berg-Balance-Skala (BBS) ist ein von Katherine Berg et al. erstmals 1989 beschriebenes Testverfahren, mit dem das Gleichgewichtsverhalten anhand von 14 kurzen, praktischen Tests[34] in 20 Minuten festgestellt werden kann.

Berg-Balance-Skala

1. Vom Sitzen zum Stehen
2. Stehen ohne Unterstützung
3. Sitzen ohne Unterstützung
4. Vom Stehen zum Sitzen
5. Transfers
6. Stehend mit geschlossenen Augen
7. Stehen mit Füßen eng beieinander
8. Ausgestreckten Arm nach vorn strecken
9. Gegenstand vom Boden aufheben
10. Sich umdrehen, nach hinten schauen
11. Sich um 360° drehen
12. Abwechselnd die Füße auf eine Fußbank stellen
13. Stehen mit einem Fuß vor dem anderen
14. Auf einem Bein stehen

Ein Trainingsgruppenleiter bewertet die Ausführungen nach genauen Vorgaben mit einer Punktzahl von 0 (schlecht) bis 4 (gut).

Herr H. kommt zweimal in der Woche zu uns. Er benutzte von Anfang an eine Gehstütze, da er bereits mehrfach gestürzt war und sich mit seinem Stock sicherer fühlt. Am Anfang fiel es ihm schwer, beim Balancetraining 25 Minuten zu stehen. Der Stuhl vor ihm gab ihm aber die nötige Sicherheit. Mittlerweile macht ihm das Training Spaß und er bewegt sich in unseren Räumlichkeiten ohne Gehstütze. Durch die Auswertung der Berg-Balance-Skala ist zu erkennen, dass sich bestimmte Bewegungsabläufe wie

[34] Vgl. http://www.physio-akademie.de/fileadmin/user/franzi/pdf/Menue_3_Forschung_u_Entwicklung/Tests_u_Assessments/BBS_German_Version_23.11.2005_Version_f_r_Webseite.pdf

etwa das Aufheben eines Gegenstandes vom Fußboden um bis zu 30 Prozent verbessert haben.

Krafttraining. Die Auswertung der Daten von 2010 bis 2011 zeigt, dass sich alle Teilnehmer in ihrer Leistung und Beweglichkeit gesteigert haben.

Frau O. kommt nur einmal in der Woche in die Tagespflege. Da sie in ihrer Freizeit einmal wöchentlich zur Gymnastikgruppe geht, nutzt sie bei uns das Kraft- und Balancetraining. Mit Sportschuhen und Sportkleidung nimmt sie hochkonzentriert an den Übungen teil. »Für mich ist es sehr wichtig, beweglich zu bleiben«, sagt sie, »denn nicht mehr mobil zu sein, ist der erste Schritt in die Unselbstständigkeit.« Für sie ist es besonders wichtig, bei unebenen Böden die Balance zu halten, denn ihr Sehvermögen ist beeinträchtigt. Umso wichtiger ist das regelmäßige Training.

4.1.1.4 Die Bewegungsrunde

Die Bewegungsrunde findet parallel zum Kraft- und Balancetraining statt. Sie ist für alle Gäste gedacht, die bereits zweimal wöchentlich am Kraft- und Balancetraining teilnehmen oder wegen anderer Einschränkungen (Rollstuhl) nicht daran teilnehmen können. Die Bewegungsrunde umfasst vor allem Übungen zur Kontrakturprophylaxe. Dabei geht es um die Bewegung aller Gelenke. Unsere Mitarbeitenden haben kleine Karten für die Tasche, auf denen Bewegungsübungen für die einzelnen Gelenke verzeichnet sind. Jeder Mitarbeitende kann also diese Bewegungsrunde durchführen. Ergänzt werden die Übungen durch Spiele mit dem Ball, einem Tuch oder anderen Gegenständen. Musik dient zur Anregung und Motivation. Die Bewegungsrunde gibt allen Gästen die Möglichkeit, sich eine Stunde gezielt ihrer Mobilität zu widmen. Dazu treffen sich alle in einem unserer Ruheräume und setzen sich in Kreisform oder einander gegenüber.

Am Anfang stehen Übungen zur Auflockerung, beispielsweise mit dem Ball oder dem Luftballon. Ergänzt werde sie durch Bewegung zu rhythmischer Musik (z.B. mit den Händen klatschen oder mit den Füßen fest auf den Boden treten). Anschließend wird mit der Bewegung der einzelnen Gelenke begonnen. Dabei werden alle Bewegungen zehn Mal nacheinander durchgeführt:

- Finger zur Faust ballen und wieder öffnen
- Handgelenk kreisen
- Ellbogen, Unterarm anziehen, ausstrecken
- Schulter mal vorwärts, mal rückwärts kreisen; Arm mal vor dem Körper, neben dem Körper, über den Kopf heben, eine »Windmühle« machen
- Mit dem Kopf nicken, nach rechts und links drehen, einen Halbkreis nach vorn oder nach hinten machen
- Zehen krallen und strecken
- Sprunggelenk kreisen, strecken, beugen
- Knie strecken und beugen

Bei den einzelnen Übungen können kognitive Elemente eingebaut werden: das Einmaleins, das Rückwärtszählen und das Buchstabieren.

Ergänzt werden die Übungen durch Fragen nach Hauptstädten, Tieren mit bestimmten Buchstaben, Farben und ihre Bedeutungen (Rot für die Liebe) oder durch bekannte Lieder, die gemeinsam gesungen werden.

Die Bewegungsrunde wird von einem Mitarbeiter und einer Begleitperson durchgeführt. So kann die Gruppe betreut werden, wenn mal jemand zur Toilette muss etc.

Wichtige Frage: Was bringt das Ganze? Herr S. mag hier als Beispiel dienen. Er kommt vier Mal in der Woche zu uns. Durch seine Antriebslosigkeit konnte er seinen rechten Arm anfangs nicht mehr ganz durchstrecken. Beide Schultern waren erheblich in der Bewegung eingeschränkt. In Kooperation mit einer Physiotherapeutin erarbeiteten wir Übungen, die wir gemeinsam mit Herrn S. immer wieder durchführten, in die Bewegungsrunde und den Tagesablauf integrierten. Nach wenigen Wochen hatte sich die Bewegung des Armes und der Schultern erheblich gebessert.

4.1.1.5 Spaziergänge

Während des Tages bieten wir unseren Gästen je nach Wetterlage kürzere oder auch längere Spaziergänge. Einige unserer Gäste haben in der Häuslichkeit kaum oder gar keine Gelegenheit dazu. Die Streckenlängen variieren dabei. Für einen bewegungseingeschränkten Gast ist manchmal schon der kleine Gang bis zur nächsten Ecke effektiv und fördert die Mobilität.

Um die Motivation zu steigern, verbinden wir auch kleinere Spaziergänge mit einer Besorgung: mal brauchen wir Blumen für die Tischdekoration, mal Gebäck für den nachmittäglichen Kaffee, mal geht es einfach zum Eiscafé, um eine Kugel Eis als Dessert nach dem Essen zu holen.

Längere Spaziergänge verbinden wir mit Zielen in der Umgebung. So ist ein Spaziergang zur Bibliothek, zum Bauernhof oder Hafen oder zum Picknick eine Besonderheit für viele Gäste. Wir haben stets Rollstühle dabei, damit Gäste mit Einschränkungen bei Bedarf ausruhen können. Manchmal nutzen zwei Gäste einen Rollstuhl abwechselnd. Das fördert die sozialen Kontakte und spornt die Gäste an, auch wieder eine etwas längere Strecke zu laufen.

Picknick im Park. Mit einem Spaziergang verbunden, wird daraus auch eine Mobilitätsübung.

4.1.1.6 Musik und Tanz

Musik und Tanz belebt bei vielen Gästen die Stimmung und weckt Erinnerungen. An den Tanznachmittagen haben neben den Tänzern auch die Zuschauer Spaß, denn viele erinnern sich an die Lieder aus vergangenen Tagen. Der Walzer animiert, von der eigenen Hochzeit zu erzählen und bei dem Lied »Wahnsinn, warum schickst du mich in die Hölle« singen alle laut mit.

Das Tanzen fördert bei allen Menschen die Körperwahrnehmung. Es hilft, mit anderen in Beziehung zu treten, macht die eigene Lebendigkeit spürbar, fördert positive Stimmungen und stellt den Bezug zum eigenen Körper wieder her. Das Tanzen steigert das Selbstwertgefühl, fördert noch vorhandene Ressourcen, hilft, nonverbal zu kommunizieren und fördert den Ausdruck von Gefühlen. Beim Tanzen wird das Gefühl, zur Gesellschaft zu gehören, gestärkt und die sozialen Kompetenzen verbessern sich.

Deshalb gestalten wir regelmäßig ein Tanzcafé.

Zu jedem Tanzcafé gehört ein Thema. Mit den Gästen werden gemeinsam Vorbereitungen getroffen: Tischdekoration, Lieder, evtl. auf jedem Tisch ein paar Informationen zur Musikrichtung, Bilder und Nachrichten aus der Zeit, entsprechende Kleidung, die passenden Getränke oder Cocktails.

Das regelmäßige Tanzen gehört bei vielen Gästen in die Biografie. Sei es die Erinnerung an das erste Kennenlernen, das Schwärmen für bestimmte Sänger (wie Peter Alexander oder Udo Jürgens), die Mode von damals oder ein bestimmtes Lokal. Häufig werden Menschen, die sonst eher introvertiert sind, plötzlich lebhaft. Das Berühren und die Bewegung, aber auch das Führen von anderen Menschen löst Wohlbefinden aus.

Herr P. besucht erst seit kurzem die Tagespflege. Er wohnt mit seiner Ehefrau zusammen, die sich durch die freien Tage etwas Entlastung im Alltag wünscht. Herr P. ist ein sehr introvertierter und hoch konzentrierter Mensch. Vielleicht hat er Angst, etwas falsch zu machen. Wir erleben ihn als sehr ernst und seine Mimik lässt nicht auf seine wahren Gefühle schließen. Eines Tages half Herr P. gerade in der Abwaschgruppe, als aus der Musikanlage ein Walzer ertönte. Eine Mitarbeiterin sagte: »Herr P., wie wär's? Wollen wir diesen Walzer tanzen?« Herr P. schüttelte den Kopf. »Nein«; sagte er, ich kann gar nicht mehr tanzen.« Doch die Mitarbeiterin bat ihn nochmals freundlich und Herr P. ließ sich bitten. Tatsächlich hatte er sich innerhalb von Minuten wieder an die Schritte erinnert, schwungvoll führte er die Mitarbeiterin durch den Raum – und begann auf einmal zu weinen. Er weinte ohne Hemmungen und erzählte, wie gern er doch tanzen gegangen war. »Was war das für eine Freude, meine Frau über die Tanzfläche zu wirbeln!« In diesen Minuten ließ Herr P. die Gefühle zu, die ihn gerade beschäftigten.

4.1.1.7 Kegelrunde

Die Kegelrunde ist eine gute Möglichkeit, mit den anderen Gästen in Kontakt zu treten. Sie fördert nicht nur die Bewegung, sondern auch den Spaß und das Selbstbewusstsein. Gerade Menschen, die im Rollstuhl sitzen und häufiger auf Hilfe angewiesen sind als andere, erfahren hier das Anspornen durch andere Gäste und das Gefühl, etwas geschafft zu haben. Kegeln weckt zusätzlich den Ehrgeiz und viele Gäste freuen sich sehr, wenn andere einen guten Wurf mit Klatschen und Gratulationen würdigen. Kegeln bietet auch immer eine gute Möglichkeit, andere Gäste als Unterstützer hinzuzuziehen. Gerade die Gäste, die sehr mobil sind, treten durch das Reichen des Balles oder das Aufstellen der Kegel und das Notieren des Punktestandes mit anderen Gästen in regen Kontakt. Es entsteht eine Gemeinschaft.

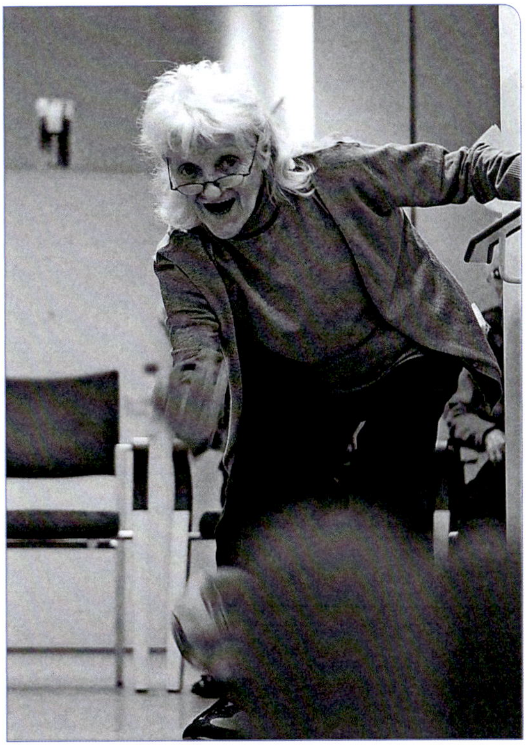

Kegelrunde. Alle Neune fördert nicht nur die Bewegung, sondern auch den gegenseitigen Kontakt.

4.1.2 Der Bereich Hauswirtschaft

Einen großen Teil des Tages nehmen die hauswirtschaftlichen Tätigkeiten in der Tagespflege ein. Unsere Gäste sollen tagsüber mit alltäglichen Sachen in Berührung kommen und diese durchführen. Dabei geht es nicht um die korrekte Ausführung der Tätigkeiten. Es geht vielmehr um das Erlernen oder Beibehalten von Arbeiten, die täglich in der Häuslichkeit anfallen. Zu diesen Tätigkeiten gehören das Abdecken und Decken des Tisches, das Waschen und Aufhängen der Wäsche, das Spülen und Wegstellen des Geschirrs sowie Reinigungsarbeiten. Die Tätigkeiten werden von allen Gästen je nach ihren Ressourcen durchgeführt.

Über das Eingebundensein in diese Alltagshandlungen können sich unsere Gäste mit ihren individuellen Kompetenzen einbringen und den Tag gestalten. Darüber hinaus verliert das Umfeld tendenziell seinen versorgenden Charakter. Die Gäste können es zumindest teilweise zu ihrem zu Hause machen. Das gemeinsame Bewältigen des Alltags ist nicht nur soziales Miteinander, sondern ermöglicht auch Wertschätzung, weil sich beispielweise ein Gast über die frischen Blumen auf dem Esstisch freut. Oder weil alle begeistert den frischen Kuchen essen, den eine Gruppe von Gästen am Vormittag gebacken hat.

Über ein spontanes Aufgreifen von Aktivitätsimpulsen der Gäste entsteht in der Regel ein Mehr an Lebendigkeit im Miteinander. Der Einzelne erfährt eine größere Bedeutung. Zum einen, weil seine Wünsche und Bedürfnisse wahrgenommen und ernst genommen werden. Zum anderen auch, weil er eine aktive Rolle einnimmt. Handlungen werden nicht nur in vorgedachten, vorgeformten Aufgaben ausgeführt, quasi als eine Art von Befehlsempfang. Ein ausgewogenes Verhältnis zwischen selbst initiierten und von außen initiierten Aktivitäten im Alltag ermöglicht zumindest phasenweise eine Begegnung auf Augenhöhe zwischen den Mitarbeitenden und den Gästen. Gleichzeitig lässt sich dadurch Überforderung verhindern. Über das Einbinden von Handlungs- und Erlebnismöglichkeiten in den Alltag entsteht Lebensnormalität. Diese Form der Aktivierung sollte daher den größten Raum einnehmen.[35]

4.1.2.1 Tischdecken

»Das Auge isst mit« ist ein altes Sprichwort. Das gemeinsame Tischdecken erlernt man schon in frühen Kindertagen und es trägt immer noch dazu bei, sich auf eine gemeinsame Mahlzeit vorzubereiten. Nicht nur kognitive Übungen wie »Wie viel Gäste sind wir heute?« oder » Es gibt heute Suppe, welche Teller benötigen wir denn dafür?« können eingebracht werden, sondern auch das gemeinsame Dekorieren durch Blumen und Servietten. Das schafft eine vertraute und anerkennende Atmosphäre. Auch Gäste im Rollstuhl oder mit einem Rollator können einbezogen werden. Viele Gäste erinnert diese Tätigkeit an eigene Feste und gemütliche Abende.

Herr S. hilft auf seine Weise beim Tischdecken mit. Er transportiert Gläser und Teller mit seinem Rollator. Ein anderer Gast nimmt die Sachen entgegen und stellt sie auf den Tisch. Unsere Gäste arbeiten im Team und erhalten viel Anerkennung durch die Mitarbeitenden, die ihnen zur Seite stehen.

Frau B. ist eine Dame, die sehr schwer zu motivieren ist. Am liebsten schläft sie auf ihrem Stuhl und möchte in Ruhe gelassen werden. Trotzdem ist Bewegung für sie sehr wichtig, da sie durch ihre wenige Eigenbewegung stark kontrakturgefährdet ist. Frau B. ist eine sehr vornehme Dame, immer gut gekleidet und früher eine eifrige Gastgeberin. In der Tagespflege motivieren wir sie daher, uns bei der Tischdekoration zu unterstützen, die Servietten zu falten und an den jeweiligen Platz zu legen. Das bereitet ihr große Freude und sie fühlt sich im Team gebraucht. So haben wir eine Möglichkeit gefunden, dass Frau B. regelmäßig ihre Hände und Finger bewegt und ihre Mobilität durch das Aufstehen und Laufen gefördert wird.

[35] Bausteine.Demenz (2011). Handlungswissen für den beruflichen Alltag – Aktivierung. In: Demenz. Das Magazin, 11/2011, Hannover: Brinkmann & Meyhöfer, S. 6 - 7

4.1.2.2 Wäschewaschen

Das WaschCafé in unserem Haus bietet Waschmaschinen und Trockner an, die auch unseren Gästen in der Tagespflege zur Verfügung stehen. Das ist vor allem für jene Gäste wichtig, deren Körperpflege bei uns erfolgt. Nach der Körperpflege ziehen sie dann ihre neue mitgebrachte Kleidung an. Außerdem waschen wir mit den Gästen die Wäsche der Tagespflege, zum Beispiel Geschirrhandtücher. Das Waschmittel füllen die Gäste mit kleinerer oder größerer Hilfestellung selber ein. Sie wählen das richtige Programm und stellen die Maschine an.

Das Wäschewaschen wird in der Häuslichkeit unserer Gäste teilweise durch die Angehörigen oder den Pflegedienst übernommen. Wir geben unseren Gästen dagegen die Möglichkeit, ihre Wäsche im WaschCafé selbst zu waschen. Beim Aufhängen der Wäsche ist dann auch wieder Gelegenheit für soziale Kontakte. Die Gäste können sich gegenseitig unterstützen, die Wäsche gemeinsam abnehmen, falten und in die Schränke legen. Gerade das Aufhängen der Wäsche bietet bewegungseingeschränkten Gästen eine Chance auf Bewegung, weil diese Tätigkeit auch im Sitzen gut möglich ist. Wäschewaschen ist so etwas wie ein kleiner Höhepunkt: Kommen Mitarbeitende mit dem Wäscheständer in den Aufenthaltsraum, fragen mindestens zwei Gäste sofort: »Na, soll ich Ihnen helfen?« Sie fühlen sich einfach gebraucht.

Wäschewaschen bedeutet mehr als notwendige Sauberkeit. Es ist Anreiz für Bewegung, eine Möglichkeit für Kontakt und Wertschätzung.

4.1.2.3 Abwaschrunde

Den meisten Menschen ist es wichtig, etwas zu tun zu haben und stolz auf die eigene Leistung sein zu können. Das macht einen großen Teil des Selbstbewusstseins aus. Das Abräumen der Tische und Geschirrspülen ist ein festes Ritual in der Tagespflege. Es ist allerdings wichtig, dass sich dabei niemand benachteiligt fühlt oder gar überfordert ist, weil er beispielsweise bereits am Vormittag gekocht hat. Eine etwaige Überforderung führt schnell zu Unstimmigkeiten. Es kommt also auf unsere Achtsamkeit an: Helfen darf jeder, aber niemand muss etwas tun.

Menschen mit einer Einschränkung beim Laufen oder Stehen können und möchten durchaus abtrocknen. Wir stellen ihnen dann einen Stuhl in die Nähe des Spülbeckens. Die Gäste helfen einander, indem sie das Geschirr reichen und es anschließend in den Schrank stellen.

Abwaschrunde – Eine kleine Aufgabe, die auch bewegungseingeschränkte Gäste gut erledigen können.

4.1.3 Der Bereich Ernährung

Die Zubereitung der Mahlzeiten zählt in den meisten Einrichtungen der Tagespflege nicht zu den täglichen Tätigkeiten der Gäste.[36] Wir legen dagegen einen unserer Schwerpunkte auf die Zubereitung der Mahlzeiten. Das ist auch in der Häuslichkeit ein oft wichtiger alltäglicher Schwerpunkt. Mit der Zubereitung der Mahlzeiten können auch die Aspekte Biografiearbeit, Wertschätzung, Anerkennung, Appetitanregung und das Treffen eigener Entscheidungen umgesetzt werden. Besonders für Menschen mit einer Demenz, bei denen die Ernährung in den Hintergrund geraten ist, oder bei Menschen mit anderen Ernährungsproblemen, ist die Mitbestimmung bei den Mahlzeiten positiv zu sehen. Einkauf, Kochen und die Gerüche wirken sich vorteilhaft auf die Nahrungsaufnahme aus.

Frau Z. macht gern bei der Kochgruppe mit. Sie möchte während der Zubereitung der Nahrung ständig etwas essen. Anfangs versuchte sie, immer wieder etwas abzuschmecken. Das ist aus hygienischen Gründen nicht möglich. Um Frau Z. gerecht zu werden, erhält sie immer eine kleine Schüssel mit den zubereiteten Nahrungsmitteln oder etwas anderes zu essen. So kann sie aus ihrer eigenen Schüssel abschmecken.

Bei der Essenszubereitung unterliegen alle Gäste, die dabei helfen, selbstverständlich den gleichen Hygienevorschriften wie die Mitarbeitenden.

Ein wichtiger Punkt ist hier die Händehygiene: Vor der Nahrungszubereitung wird der Schmuck an den Händen abgelegt, die Hände gründlich mit Seife gewaschen und abgetrocknet. Auch unsere Gäste müssen eine Händedesinfektion durchführen. Nach jeder Verschmutzung durch Toilettengänge oder die Zubereitung von ungewaschenem Gemüse wird die Händedesinfektion wiederholt. Gäste mit einer Verletzung an den Händen dürfen nicht an der Kochgruppe teilnehmen. Dies gilt auch für Gäste mit Erkältungen oder Magen-Darm-Erkrankungen.

Bei der Zubereitung der Nahrung ist immer eine Mitarbeiterin anwesend, die die Hygienevorschriften zusammen mit den Gästen umsetzt. Neben der Händehygiene achtet die Mitarbeiterin auf alle anderen Hygienevorschriften und weist unsere Gäste bei Bedarf darauf hin. Das umfasst das Abschmecken mit immer neuen Löffeln, das Abschmecken neben dem Topf usw.

36 Kuratorium Deutsche Altershilfe (Hrsg.) (2010). Tagespflege. Planungs- und Arbeitshilfe für die Praxis. Köln: KDA, S. 49

4.1.3.1 Einkaufsgruppe

Mehrmals wöchentlich findet sich eine Einkaufsgruppe zusammen und besorgt alle Lebensmittel des täglichen Bedarfs. Bis auf die Getränke werden alle Lebensmittel von den Gästen eingekauft.

Zur Vorbereitung der Einkaufsgruppe gehört das Schreiben des Einkaufszettels unter Beachtung der festgelegten Gerichte für die nächsten Tage, die Vorlieben und Wünsche der Gäste. Ein Einkaufstrolly hilft beim Transport der Lebensmittel. Die Verantwortungen werden zwischen den Gästen aufgeteilt: Ein Gast erhält den Einkaufszettel, ein anderer das Geld. Beim Einkaufen bestimmen die Gäste, welche Lebensmittel gekauft werden. Sie wählen Wurst- und Käsesorten aus, suchen das Obst und Gemüse aus. Sie übernehmen die Verantwortung, indem sie Dinge selbstständig holen.

Am Ende überprüft ein Gast (mit unserer Hilfestellung), ob auch wirklich alle Lebensmittel im Wagen liegen. Eine große Herausforderung ist die Bezahlung an der Kasse. Auch hier werden die Gäste mit einbezogen. Sie legen die Lebensmittel auf das Band, packen sie nach dem Scannen wieder zurück und zahlen an der Kasse. Das kann unter Umständen etwas länger dauern. Wir haben den Angestellten des Supermarktes im Vorhinein erklärt, dass es für uns ein therapeutisches Ziel ist, dass die Gäste so selbstständig wie möglich den Einkauf tätigen. Das Supermarktpersonal ist aus unserer Erfahrung sehr kulant und öffnet für den kurzen Zeitraum oft eine zweite Kasse. Auch wartende Kunden klären wir bei Bedarf über unser Konzept auf.

Einkaufen ist ein Stück Selbstständigkeit und zugleich Quelle großer Zufriedenheit, weil die Gäste selbst entscheiden, selbst aussuchen und selbst bezahlen können.

In der Einrichtung angekommen, wird das Restgeld gezählt und der Einkauf in die richtigen Schränke verteilt. Auch das erledigen wir mit den Gästen gemeinsam.

Es ist möglich, dass Gäste die Einkaufsgruppe begleiten und sich Lebensmittel für ihren eigenen Bedarf besorgen. So unterstützen wir den Gast in seiner Häuslichkeit, denn manchmal ist es aus zeitlichen Gründen nicht möglich, dass ein ambulanter Pflegedienst den Einkauf mit dem hilfsbedürftigen Menschen gemeinsam tätigt. Viele Angehörige nehmen die finanziellen Angelegenheiten auch eher selbst in die Hand. Geld ist zweifellos ein sehr wichtiges Thema im Leben. Unsere Gäste haben früher für die Ernährung ihrer Familie, für Unterkunft und Wärme gesorgt. Heute können sie ihre finanziellen Angelegenheiten nicht mehr selbst regeln und müssen sie anderen Personen überlassen. Viele unserer Gäste werten das als Misstrauen und Geringschätzung. Die selbstständige Regelung der finanziellen Angelegenheiten bringt aber Zufriedenheit und Selbstvertrauen mit sich, wie das Beispiel von Frau K. zeigt: Frau K. lebt allein in ihrer Wohnung. Sie hat zwei Töchter, die beide sehr weit weg wohnen. Hin und wieder erhält Frau K. Besuch von einer Freundin und ein Pflegedienst versorgt sie regelmäßig. Den Töchtern ist es aber sehr wichtig, dass Frau K. so selbstständig wie möglich bleibt. Aufgrund einer psychischen Erkrankung kann Frau K. nicht mehr allein einkaufen gehen. In unserer Tagespflege erledigen wir die Einkäufe mit Frau K. gemeinsam. Das verschafft ihr die Möglichkeit, sich ihre Lebensmittel selbst auszusuchen, je nachdem, worauf sie gerade Appetit hat.

4.1.3.2 Kochen

»Die gemeinsame Zubereitung der Speisen kann die Lebensqualität steigern, denn für viele Pflegebedürftige stellt die Beteiligung am Kochen ein Stück »Normalität« dar. Wahrnehmungsreize werden durch Geräusche und Gerüche verstärkt und damit ggf. der Appetit gefördert.«[37]

Weiterhin dient die Speiseplanung, -beschaffung, -zubereitung, -verteilung als auch die Darbietung der Speisen mit dem Ziel, dem Gast ein selbstbestimmtes Leben zu ermöglichen und seine Ansprüche und Wünsche an die Verpflegung zu kennen.[38]

Das gemeinsame Kochen ist auch eine gute Möglichkeit der Biografiearbeit. Viele unserer Gäste kennen es noch, dass man früher bei der Oma oder den Eltern in der Küche saß, kochte und sich unterhielt. Sie haben früher selbst gekocht und kennen den ein oder anderen Trick für die gelungene Zubereitung. Auch unsere Mitarbeitenden lernen von unseren Gästen. So erzählte uns eine 98-jährige Dame beim gemeinsamen Backen, wie man verhindert, dass der Käsekuchen zusammenfällt.

Jeden Tag zur Mittagszeit findet sich eine kleine Gruppe von maximal vier Personen zusammen, die gemeinsam das Mittagessen mit Nachspeise und den Kuchen für das Nachmittagskaffee zubereitet. Die Gäste überlegen gemeinsam, was benötigt wird und holen die Zutaten aus den Schränken. Das Probieren und Abschmecken ist ein wich-

[37] Medizinischer Dienst des Spitzenverbandes Bund der Krankenkassen e.V. (MDS) (Hrsg.) (2014). Grundsatzstellungnahme Essen und Trinken im Alter. Ernährung und Flüssigkeitsversorgung älterer Menschen. Essen: MDS, S. 70

[38] Vgl. ebd., S. 66

tiger Bestandteil dieser Arbeit. Gerade hier wird der Appetit angeregt und gefördert. Mancher Gast, der vielleicht in den letzten Wochen etwas an Appetit verloren hat, wird in der Kochgruppe dazu angeregt, auch zwischendurch etwas zu essen. Selbstverständlich werden die benutzten Sachen wieder in den Schrank geräumt und die Arbeitsmaterialien gesäubert. Viele unserer Gäste achten sehr darauf, die Küche wieder in einem ordentlichen Zustand zu verlassen. Schließlich haben sie es früher so gelernt.

Auch mancher Mann fühlt sich beim Kochen durchaus wohl. Nicht nur, weil es eine besondere Tätigkeit ist, weil er sich wertvoll und gebraucht fühlt, sondern auch, weil er früher nicht die Gelegenheit dazu hatte. Mancher Angehörige war schon erstaunt, dass der Vater gern Kartoffeln schält oder Schnitzel brät. Der große Unterschied zwischen einer rein weiblichen und einer männlichen Kochgruppe ist, dass Männer fast gar nicht bei ihrer Arbeit sprechen. Hochkonzentriert widmen sie sich nur dieser einen Aufgabe – da ist keine Zeit für Smalltalk!

Kochen ist immer auch ein wenig Biografiearbeit: Es wird erzählt, Tipps werden ausgetauscht und der Appetit angeregt.

Nach dem gemeinsamen Mittagessen gibt es hinterher stets einen großen Applaus für die Köche. Das ist eine große Anerkennung für die geleistete Arbeit und alle anderen erledigen hinterher den Abwasch.

Auch das Backen macht unseren Gästen immer sehr viel Freude. Viele Gäste kennen die Zutaten und Mengen auswendig und backen im Handumdrehen einen Kuchen. Auch dabei kommt es nicht auf die Perfektion an. Der Weg ist das Ziel und sollte ein Kuchen mal nicht gelingen, findet sich immer etwas anderes. Auch hier ist es entscheidend, dass der Gast etwas selbstständig macht und Anerkennung erhält. Dazu gehört auch, dass wir ihm vertrauen und unterstützen. Wenn unsere Gäste spüren, dass wir ihnen etwas zutrauen, sind sie stolz auf ihre Leistungen.

4.1.3.3 Die Mahlzeiten

Wir gestalten die Mahlzeiten so gemütlich und festlich wie möglich. Häufig gibt es eine leise Musikuntermalung, die die Gäste selbst aussuchen. Es stehen Blumen auf dem Tisch, es liegen Servietten auf den Plätzen.

Beim Frühstück hat es sich bewährt, verschiedene Teller mit Wurst, Käse und kleine Schälchen mit Marmelade auf die Tische zu stellen. Jeder Gast kann sich so selber bedienen und genau das nehmen, worauf er Appetit hat. Es gehört zu unserem Konzept, jede Selbstständigkeit so lange wie möglich zu erhalten. Das bedeutet, dass wir den Gast bei gesundheitlichen Einschränkungen unterstützen, damit er so viel wie möglich selbstständig handeln kann. Unsere Gäste werden zur selbstständigen Nahrungsaufnahme, im Rahmen ihrer Möglichkeiten, angeleitet und im Umgang mit Hilfsmitteln trainiert. Kleinere Aktivitäten, wie z. B. das selbstständige Auffüllen des Tellers, werden gezielt gefördert. Dabei richten wir uns nach dem nationalen Expertenstandard Ernährungsmanagement[39].

Gäste mit einer Hemiparese werden durch uns unterstützt. Mitarbeitende halten das Brot einfach fest, sodass der Gast mit der gesunden Hand arbeiten kann. Gäste die die Gabel nicht zum Mund führen können, werden ebenfalls unterstützt. Dabei achten wir darauf, dass alle Gäste Ruhe und Zeit zum Essen haben.

Angestrebt wird eine ausgewogene Ernährung aller Gäste unter Berücksichtigung notwendiger Diäten. Bei speziellen Diäten (z. B. Dialysekost, Ernährung bei Gicht) arbeiten wir eng mit einer Menü-Manufaktur zusammen. Eine Ernährungsberaterin unterstützt uns bei der Auswahl der speziellen Kostformen.

Auch kognitiv werden unsere Gäste durch das gemeinsame Essen in einer großen Gruppe trainiert, wie folgendes Beispiel zeigt: Herr W. ist Autist und seit geraumer Zeit an Alzheimer erkrankt. Für ihn war es immer wichtig, dass sich Abläufe möglichst gleichförmig wiederholen. Eines Tages erzählte uns seine Ehefrau, dass Herr W. bei den gemeinsamen Mahlzeiten zu Hause nicht mehr weiß, wie er mit dem Essen anfangen soll. Bislang wartete sie einfach darauf, dass er sich eine Scheibe Brot aus dem Korb nahm und diese belegte. Da er das aber nicht mehr tat, schmierte sie ihm das Brot und gab es ihm. Während des Gesprächs stellten wir fest, dass Herr W. dieses Problem bei uns in der Tagespflege überhaupt nicht hat: Herr W. ahmt einfach das Verhalten der anderen nach. Er beobachtet, wie die anderen Gäste sich das Brötchen oder das Brot aus dem Korb nehmen und zubereiten und er tut es ihnen gleich. So konnten wir Frau W. raten, es genauso zu tun. Nun fängt sie einfach an und ihr Mann ahmt ihr Tun nach. Sie braucht ihm kein Brot mehr zuzubereiten, sie macht es ihm einfach vor.

---

[39] Vgl. Deutsches Netzwerk für Qualitätsentwicklung in der Pflege (DNQP) (Hrsg.) (2010). Expertenstandard Ernährungsmanagement zur Sicherstellung und Förderung der oralen Ernährung in der Pflege. Osnabrück: DNQP

In der Tagespflege beobachten wir oft, wie sich unsere Gäste gerade bei den Mahlzeiten helfen und unterstützen.

4.1.4 Der Bereich Musik

Musik kann Menschen bewegen. Sie kann zu Tränen rühren, geht in die Beine und lässt den Körper im Rhythmus mitschwingen. Musik kann längst vergessene Gefühle wachrufen. Sie beeinflusst Stimmung und Wohlbefinden. Kein Wunder also, dass Musik auch therapeutisch eingesetzt werden kann. So ist schon lange bekannt, dass Musik einen positiven Einfluss auf Menschen hat. Allerdings können auch die schönste Melodie und die beste Musiktherapie nicht die Gedächtnisleistung beeinflussen. Aber sie verbessern den emotionalen Ausdruck und das Wohlbefinden der Betroffenen.[40]

Daneben vermag Musik zu beruhigen und zu entspannen, Ängste und Depressionen zu lindern, Schmerzen vorübergehend vergessen zu lassen und den Schlaf zu fördern. Je nach Charakter kann Musik aber auch aktivieren und zur Bewegung animieren. Viele an Demenz erkrankte Menschen, die sich nur durch unruhiges Hin- und Herlaufen spüren, können diese Unruhe bei Musik weitgehend ablegen. Sie können sich gemeinsam mit anderen koordiniert zu Musik bewegen, manchmal sogar wieder tanzen. Über das Musikhören und das aktive Musizieren werden aber nicht nur Ereignisse und Erlebnisse aus der Vergangenheit in Erinnerung gerufen, die sich als Anknüpfungspunkte für Biografiearbeit anbieten. Auch Vorlieben und Abneigungen sowie Bedürfnisse und Interessen können über die Musik erschlossen werden. Der an Demenz erkrankte Mensch wird besser von seiner Umgebung verstanden. Musik kann ihm helfen, Krisen und Trauer besser zu bewältigen.[41]

Während des Tages ertönt immer wieder Musik. Es wird getanzt und gesungen. Das geschieht häufig auch ganz spontan. Man sitzt zum Beispiel beim gemeinsamen Frühstück und eine Schlager – CD wird aufgelegt. Wenn man dann spontan fragt, wer Lust hat zu tanzen, bekommt man selten einen Korb und es dauert nicht lange, dann stehen andere auf und tanzen mit. Diejenigen, die nicht aufstehen können, singen und klatschen zur Melodie und schon entsteht eine schöne und gemeinschaftliche Atmosphäre. Es gibt für alle Musikinteressierten Gäste einen Chor, ein Tanzcafé und viele musikalisch untermalte Veranstaltungen.

---

[40] Schall, A. (2013). Demenz: Musik hilft, wenn die Worte fehlen. Im Internet: www.muk.uni-frankfurt.de/47750439/209? [Zugriff am 30.05.2015]

[41] Landeszentrale für Gesundheitsförderung in Rheinland-Pfalz e.V. (2009). Musik als Schlüssel – über den positiven Einfluss von Musik auf an Demenz erkrankte Menschen. Im Internet: https://www.lzg-rlp.de/service/gesundheits-telefon/text/artikel/611/?no_cache=1 [Zugriff am 30.05.2015]

4.1.4.1 Singen

»Wo man singt, da lass dich ruhig nieder, böse Menschen haben keine Lieder …«, sagte Johann Gottfried Seume, ein deutscher Schriftsteller und Dichter des 18./19. Jahrhunderts. Diese Weisheit befolgen wir auch: Unser Chor trifft sich zweimal wöchentlich und besteht aus Gästen der Tagespflege und Mietern des Hauses. Musik bedeutet für viele unserer Gäste Teilhabe, Geborgenheit und Heimatgefühl in einer Gruppe. Eine Chormappe, jahreszeitlich abgestimmt, hilft den Sängern bei den Texten. Kleine Auftritte bei Festlichkeiten geben unseren Gästen Aufmerksamkeit und Anerkennung. Die Erinnerung an die Erfahrungen und Erlebnisse werden mit den Liedern wach. Manche hatten am Anfang Zweifel, ob ihnen Singen Spaß machen würde. Andere waren auch der Meinung, nicht singen zu können – Meine Schwester konnte immer besser singen als ich!« Doch auch für solche Zweifler ist der Chor oft eine neue Möglichkeit der Kommunikation und der Zugehörigkeit. Es kommt ja auch nicht auf den richtigen Ton oder Text an, sondern es geht allein um den Spaß am gemeinsamen Tun.

Der Chor leistet noch mehr, indem er Gäste in Tätigkeiten einbindet. So müssen schließlich die Chormappen zusammengestellt und stets verteilt und eingesammelt werden. Je nach Jahreszeit werden mündlich die verschiedenen Lieder gesammelt und dann als Winter-, Frühlings-, Sommer- oder Herbstmappe zusammengetragen. Es ist auch eine große Anerkennung wenn der Chor einen Namen hat. Wenn im Haus Veranstaltungen stattfinden, ist der Chor stets Teil des Programms. Die größte Anerkennung für den Chor ist es, wenn die Zuschauer andächtig lauschen oder gar mitsingen.

Unser Chor, die »Albrechtsänger«.

Gerade Gäste, die durch ihre Erkrankungen an Wortfindungsstörungen leiden, leben häufig in einer starken inneren Vereinsamung. Sie verlieren nach und nach die Möglichkeit, ihr Umfeld mitzubestimmen. Musik bringt für sie Erinnerung und emotionales Erleben. Im Chor entsteht eine intensive Verbindung mit anderen. Auch Gäste, bei denen das Sprachzentrum beeinträchtigt ist, singen bekannte Volkslieder mit Freude und Begeisterung mit. Der größte Teil der Lieder ist sofort im Gedächtnis abrufbar, weil sie in der Kindheit erlernt wurden.

Herr W., der Autist ist und an Alzheimer leidet, kann auf Fragen nicht antworten, seine Wünsche nicht verbal äußern und kommunizierte anfangs nur wenig mit anderen Gästen oder uns. Trotzdem ist er sehr interessiert und gut zu motivieren. Der Chor ist für ihn sehr wichtig, denn im Singen überwindet er sprachliche Defizite. Er singt die Lieder fehlerfrei und laut mit. Niemand, der ihn singen hört, käme auf die Idee, dass Herr W. ansonsten kaum spricht.

Frau N. war früher Kindergärtnerin und sang natürlich viel mit den Kindern. Auch bei uns in der Tagespflege sang sie gern. Sie kannte viele Lieder, doch ihr normaler Wortschatz nahm immer weiter ab. Häufig wiederholte sie nur Sätze wie »Was soll ich denn jetzt machen?« – »Ist nicht so schlimm. Wenn Frau N. sehr unruhig war, konnten wir mit Singen für ein paar Augenblicke ihre ganze Aufmerksamkeit bekommen. Frau N. hatte ein Lieblingslied, das die Mitarbeiter oft mit ihr sangen: »Du kannst nicht treu sein.« Als es immer schwieriger wurde, Frau N. in ihrer Häuslichkeit die nötige Hilfe und Unterstützung zu geben, zog sie in eine stationäre Einrichtung. Leider war es uns erst nach vielen Wochen möglich, sie einmal dort zu besuchen. Doch unsere Mitarbeiterin machte eine beeindruckende Erfahrung. Als sie aus dem Aufzug trat, kam ihr Frau N. schon entgegen. Wegen ihres Bewegungsdranges war sie viel auf dem Flur unterwegs. Frau N. erblickte unsere Mitarbeiterin, lief auf sie zu, umarmte sie fest und sang: »Du kannst nicht treu sein.« So konnte Frau N. zeigen, dass sie unsere Mitarbeiterin erkannte. Für beide war das ein wunderschöner Moment.

4.1.4.2 Der Drum Circle

Ein weiteres musikalisches Angebot ganz anderer Art ist unser im Rahmen des vom Bundesfamilienministerium geförderten Programms »Lokale Allianzen für Menschen mit Demenz« stattfindende »Drum Circle« (vgl. Kapitel 2. 4 und 2.5). Geprägt vom Leitbild der Inklusion, Selbstbestimmung und Teilhabe richtet sich dieses Angebot an Menschen mit Demenz, deren Begleiter aus dem täglichen Leben sowie Interessierte aus der Nachbarschaft. Begleitet wird die Gruppe durch eine erfahrene Trommellehrerin und Diplomsozialpädagogin, die neben ihrer Ausbildung als Drum Circle Fascilitator[42] auch umfangreiche fachliche Kompetenzen und Erfahrungen im Umgang mit an Demenz erkrankten Menschen besitzt.

Zunächst fand dieses Angebot einmal wöchentlich in den Räumen des Seniorenwohnens statt. Doch wegen der großen Nachfrage wurden rasch weitere Termine anberaumt. Diese finden nun zusätzlich wöchentlich in unseren Räumen in der Tagespflege statt. Sie werden von einer Mitarbeiterin, die das Angebot und die Trommellehrerin von Beginn an unterstützt hat, durchgeführt. Unsere Mitarbeiterin wurde durch die Trommellehrerin angelernt und qualifiziert sich in der Trommeltechnik weiter. Unter-

---

42 www.lust-auf-trommeln.de
www.remo-drumcircles.de/remodrumcircles_facilitators.html

stützt werden diese Gruppen auch durch ehrenamtliche Mitarbeiter, denn Trommeln macht durstig und Trinkpausen sind unbedingt einzubauen! Auch die Möglichkeit, dass Einzelne die Gruppe störungsfrei verlassen können, muss gegeben sein.

Das Trommeln ist eine Ermutigung zum gemeinsamen Musizieren. Es ist spontan, lustvoll und erlebnisorientiert. Es fördert die musikalische Aktivierung aller Teilnehmer. Menschen mit demenzieller Erkrankung trommeln gemeinsam mit Senioren ohne kognitive Einschränkungen und erfahren durch diese Aktivität einen gleichberechtigten Kontakt. So wird die Teilhabe in der Gemeinschaft gefördert und unterstützt. Menschen verschiedener Altersgruppen sind beteiligt und willkommen. So hat sich inzwischen unser Kontakt zu einem nahegelegenen Kindergarten so vertieft, dass einige Kinder regelmäßig am Drum Circle teilnehmen.

Musik und Rhythmus bewirken eine positive Atmosphäre, die sich während und auch nach dem Angebot durch Lachen und viel Freude aller Beteiligten ausdrückt. Viele unserer Gäste freuen sich schon Tage vorher auf den Trommelkurs.

Der Drum Circle nutzt die positive Wirkung von Musik, sowohl auf zwischenmenschlicher als auch gesundheitsfördernder Ebene. Trommeln unterschiedlicher Art und Perkussionsinstrumente gehören zu den ältesten und bekanntesten Musikinstrumenten der Welt. Sie laden Menschen ein mitzumachen, draufzuhauen, auszuprobieren. Menschen mit und ohne Demenz fühlen sich wohler in ihrer Haut. Das Angebot fördert die Kommunikation und kann etwaige Verhaltensauffälligkeiten positiv beeinflussen. Auch gibt es Hinweise darauf, dass das Trommeln eine positive Auswirkung auf Sturzanfälligkeit hat, weil es den Gleichgewichtssinn fördert.[43]

Doch an allererster Stelle steht die Lebensfreude der Teilnehmer, die Feststellung, etwas zu können, als Teil einer Gruppe andere zu begeistern. Inzwischen hat der Drum Circle bereits einige kleine Auftritte vor öffentlichem Publikum gegeben, was alle mit Freude und Stolz erfüllt hat.

Jede Trommelstunde beginnt damit, dass die 12 bis 14 Trommler im Halbkreis oder Kreis sitzen. Die Instrumente liegen bereit, jeder kann schon einmal etwas ausprobieren. Durch das kreisförmige Sitzen ist jeder Teilnehmende im Blick. Die Trommellehrerin ermutigt wie nebenbei Einzelne, mal das eine oder andere Instrument auszuprobieren. Die Kommunikation erfolgt über den Rhythmus, mal ganz leise und dann wieder lauter. Ganz spontan und intuitiv steigen die Teilnehmer ein. Schnell wird klar, dass niemand etwas falsch machen kann. Es ergeben sich überraschende Momente, etwa wenn ein stark demenziell erkrankte Dame zwar ihr Instrument nicht nutzt, aber dafür leise und mit glockenheller Stimme in den Rhythmus einsteigt. Die Trommel-

---

43 Vgl. http://seniorenheim-magazin.de/news/senioren-trommeln-fuer-die-gesundheit [Zugriff am 30.05.2015]

lehrerin achtet darauf, dass die Teilnehmenden nicht zu sehr erschöpfen, denn Trommeln ist durchaus eine Kraftanstrengung. Insbesondere, wenn die Kitakinder beteiligt sind, achten wir darauf, dass keine Unruhe entsteht, wenn die Konzentration bei den Kleinen nachlässt. Trinkpausen werden gemacht und nicht nur die Kinder freuen sich auch manchmal über Naschwerk.

Die Teilnehmer am Drum Circle freuen sich schon Tage vorher aufs Trommeln.

Frau M. bringt auf den Punkt, was viele Trommler denken: »Mir gefällt das Trommeln sehr gut. Von Anfang an mochte ich es, dass man mal so richtig auf die Pauke hauen kann. Früher gab es nicht die Möglichkeit oder die Eltern hatten nicht genug Geld, dass man musizieren konnte. Ich freue mich in meinem jetzigen Alter noch die Möglichkeit zu haben, mit anderen Menschen Musik zu machen.«

4.1.5 Der Bereich Kreativität

Viele Menschen waren in ihren jungen Jahren sehr kreativ ob im Beruf oder familiär, in dem sie ihre Wohnungen dekorierten, mit ihren Kindern Feste vorbereitet oder gebastelt haben. Viele von Ihnen erinnern sich gern an diese Zeiten und erzählen davon. Schneiden, Malen und Gestalten spielt auch in der Tagespflege eine große Rolle. Altersentsprechende Angebote sind wichtig, aber sinnvoll müssen sie sein. Themen, die sich kreativ begleiten lassen, gilt dabei unser Hauptaugenmerk. So können unsere Gäste Blätter trocknen, die Räumlichkeiten mit Herbstblumen sowie bemalten Früchten aus Styropor dekorieren und dies mit Herbstgeschichten, Herbstliedern und einem selbstgemachten herbstlichen Eintopf verbinden.

Ein anderes Beispiel: Zu einem Berlin-Tag wurde ein Currywurst-Imbiss-Schild gefertigt, Fotos von Sehenswürdigkeiten ausgeschnitten und laminiert, ein Ortseingangsschild gebastelt und ein Berliner Bär aus Pappe aufgestellt. Außerdem verteilten wir Fotos von Berliner Persönlichkeiten auf den Tischen und fertigten mit Zeichnungen von Zille Namenschilder an.

Ein Highlight war auch unser »Deutschland, deine Nachbarn«-Tag. Die gemeinsamen Vorbereitungen mit unseren Gästen betraf vor allem die Gestaltung der Räume, die die einzelnen Länder darstellten. Gemeinsam gestalteten wir Fahnen der Länder, hängten diese als Girlanden auf und bedeckten die Tische mit Krepppapier in den verschiedenen Länderfarben. Es gab ein Mittagsbuffet mit den unterschiedlichsten kulinarischen Spezialitäten und wir betrachteten gemeinsam alte Postkarten der angrenzenden Länder. In kleinen Gruppen gingen unsere Gäste durch die verschiedenen Räume und wurden durch landestypische Fragen und Gegenstände an die unterschiedlichsten Länder erinnert.

Auch die Gestaltung der Aufenthaltsräume durch Fotos von gemeinsamen Ausflügen hält die Erinnerungen unserer Gäste wach. Alle Fotos finden auf einer großen Fotowand Platz, die aus Styropor besteht, der mit Stoff bezogen wurde. Unsere Gäste erhalten stets ein paar Abzüge mit ihren Fotos, um sich auch zu Hause an diese Erlebnisse zu erinnern.

Basteln für einen Laternenumzug. Die Gäste der Tagespflege sind mit Engagement dabei.

In Kooperation mit einem Kindergarten findet bei uns einmal im Jahr das Laternenbasteln für den Sankt Martins-Umzug statt. Mit der Leiterin des Kindergartens stimmen wir den Termin ab und die Kinder bringen Muster und Material für die Laternen mit. Für beide Generationen ist das ein spannendes Ereignis. Die Kinder genießen die Zeit, in der sie mit den älteren Menschen basteln und unsere Gäste können die Kleinen teilweise sogar unterstützen.

Sie helfen ihnen beim Kleben und Ausschneiden oder umgekehrt. Natürlich ist es immer eine Herausforderung für alle Mitarbeitenden, wenn eine Gruppe mit 15 Kindern im Alter von drei bis vier Jahren in unsere Einrichtung kommt. Doch unsere Gäste empfinden die ungewohnte Geräuschkulisse nicht als unangenehm. Ganz im Gegenteil: Die Anwesenheit der Kinder ist für viele unserer Gäste eine große Freude und sie basteln hoch konzentriert bei den Laternen mit. Den Abschluss bildet ein gemeinsames Mittagessen, natürlich gibt es Nudeln und Tomatensoße und ein riesengroßes Eis zum Dessert.

4.1.5.1 Garten- und Handwerkerrunde

Als immer mehr männliche Gäste in die Tagespflege kamen, brachte uns das auf den Gedanken, eine Garten- und Handwerkerrunde zu gründen. Schließlich sollen auch die männlichen Gäste eine adäquate Beschäftigung finden. In dieser Runde werden nun beispielsweise Dinge repariert (Stöpsel im Waschbecken), ein Hochbeet für den Garten entwickelt und angefertigt, ein Briefkasten aus Holz für die Anregungen unserer Gäste gebaut. Auch ein Besuch im Baumarkt erwies sich bereits als gelungene Abwechslung für die Teilnehmer. Das Erinnern an die verschiedenen Werkzeuge, deren Handhabungen und Einsatzorte stellen für unsere Gäste eine große Herausforderung dar. Das Bauen, Basteln und Konstruieren lässt sie in ihrer Rolle aufblühen. Sie fühlen sich sehr nützlich.

4.1.5.2 Kognitive Runden

Wir bieten unseren Gästen regelmäßig kognitive Übungen an. Diese können Erinnerungen hervorrufen und ein Gefühl von Freude und Stolz wecken. Da das Langzeitgedächtnis bei vielen Senioren lange erhalten bleibt, fällt es unseren Gästen in der Regel nicht schwer, Sprichwörter, Gedichte und Liedtexte aus dem Gedächtnis abzurufen. Wenn man zwischendurch mal fragt: »Wie der Vater …? Kommt »so der Sohn« wie aus der Pistole geschossen. Viele Sprichwörter lassen sich in den Alltag integrieren und sind immer sehr beliebt.

Weiterhin ist es möglich, eine Liedzeile vorzulesen und zu erfragen, wie sie denn weitergeht oder ein Gedicht zu beginnen. Gerade Menschen mit Schwierigkeiten in der verbalen Kommunikation, etwa mit Wortfindungsstörungen, sind solche Übungen nützlich. Meistens sind die Gäste sehr stolz, wenn sie die Antwort wissen, und freuen sich, dass sie mehr wussten als vielleicht die Jungen und Gesunden.

Fragen zum Allgemeinwissen sind ebenfalls sehr beliebt. Dazu gibt es verschiedene Gesellschaftsspiele mit Fragen und Antworten, die wir in kleinen Gruppen spielen. Als Möglichkeit, Schreiben und Lesen in eine Übung einzubeziehen, nutzen wir Spiele wie Stadt, Land, Fluss oder das Galgenraten an einem Flipchart.

4.1.5.3 Das gemeinsame Spielen

Natürlich bietet eine Tagespflege auch eine gute Möglichkeit, gemeinsam mit anderen Gästen Gesellschaftsspiele zu spielen. Viele unserer Gäste sind in einer Zeit groß geworden, in der gerade in den Familien viel gespielt wurde. Wir stellen immer wieder fest, dass die bekannten Spiele wie Rommé, Kniffel, Mensch ärgere dich nicht und Skat vielen bekannt sind oder Erinnerungen hervorrufen. Bei all diesen Spielen wird nicht nur miteinander gesprochen und aufeinander geachtet – die Suche nach Strategien und Lösungswegen trainiert ebenso die kognitiven Fähigkeiten. Im Übrigen kommt es nicht darauf an, dass die Regeln eingehalten werden. Es passiert durchaus, dass ein Spiel anders gespielt wird, weil die Erinnerung es so vorgibt. Trotzdem ist es uns ein großes Anliegen, dass der Spaß nicht verloren geht und alle ein Erfolgserlebnis haben.

Gesellschaftsspiele trainieren die kognitiven Fähigkeiten – und sie machen Spaß!

Praxistipp

Wenn es ums Spielen geht, müssen die Gruppenbegleiter gut geschult und informiert werden. Das Hauptaugenmerk liegt nicht mehr auf der Einhaltung der Regeln. Es geht auch nicht so sehr ums Gewinnen, sondern um den Spaß an einer gemeinsamen Tätigkeit.

4.1.6 Soziale Kontakte fördern

Alte Menschen laufen Gefahr, den Anschluss an ihr gesellschaftliches Umfeld zu verlieren. Sie müssen vieles verkraften: Sie steigen aus dem Beruf aus. Sie verlieren ihren Lebenspartner und gute Freunde. Ihre körperliche Leistungsfähigkeit lässt nach. Die aktive Teilnahme am gesellschaftlichen Leben wird schwieriger, zuletzt vielleicht sogar unmöglich. »Altwerden«, so überschrieb der bekannte Moderator Joachim Fuchsberger seine Autobiografie, »ist nichts für Feiglinge.«

Doch gerade dann, wenn man nicht mehr im beruflichen Leben steht und täglich mit anderen Menschen ins Gespräch kommt oder auf andere Weise kommuniziert, ist es wichtig, soziale Kontakte zu erhalten und zu fördern. Teilweise erweist sich dies bei bestimmten Erkrankungen aber als schwierig. Menschen, die an einer demenziellen Erkrankung leiden, ziehen sich in ihr vertrautes Umfeld zurück. Gerade im Anfangsstadium, wenn die Betroffenen merken, dass sie in bestimmten Bereichen nicht mehr die Leistung erbringen, die sie von sich gewohnt sind, kommt schnell ein Gefühl des Versagens und der Wertlosigkeit auf.

Eine Tagespflege bietet hingegen einen guten Rahmen, in dem sich soziale Kontakte fördern und erhalten lassen. Dabei geht es vor allem darum, zu einer Gruppe von Menschen zu gehören, die man regelmäßig sieht.

4.1.7 Teilnahme am kulturellen und gesellschaftlichen Leben

Wir möchten, dass unsere Gäste auch am gesellschaftlichen und kulturellen Leben teilnehmen können. Dazu gehören Besuche im Museum, von Konzerten, Ausflüge und die Teilnahme an Veranstaltungen. Die Veranstaltungen richten sich nach den Interessen unserer Gäste, ihren Ressourcen und Fähigkeiten, aber auch nach ihren Einschränkungen sowie nach jahreszeitlichen Gegebenheiten.

4.1.7.1 Ein Besuch im Museum

Regelmäßige Museumsbesuche gehören zu unseren wichtigsten Veranstaltungspunkten. Berlin bietet hier ein Maximum an unterschiedlichsten Möglichkeiten. So interessieren sich unsere Gäste zum einen für Heimatmuseen, zum anderen auch für Museen, die an vergangene Zeiten oder Berufe erinnern. Entscheidend für den Erfolg eines Museums ist die gute Planung: Es hat sich als vorteilhaft herausgestellt, mit maximal sechs Personen und zwei Betreuern ins Museum zu gehen. Eine große Gruppe verhindert Gespräche untereinander und lässt oft Unruhe aufkommen.

Als wir eines Nachmittags ein altes Dorfmuseum besuchten, erzählten unsere Ausflügler viel darüber, wie man Lebensmittel aufbewahrte, den Ofen zum Wärmen und zum

Ein Museumsbesuch erinnert an alte Zeiten.

Kochen nutzte. Doch eine 97-Jährige rollte flott in einen Krämerladen und sagte: »Ich weiß gar nicht, was wir hier machen! Ich gehe doch jeden Tag hier einkaufen!«

4.1.7.2 Auf Alt trifft Jung

Unsere Tagespflege bietet verschiedene Möglichkeiten, dass unsere Gäste mit jungen Menschen in Kontakt treten können. Das große Kaninchengehege im Hof ist natürlich eine Attraktion für die Kinder aus dem nahen Kindergarten. Auch beim Drumcircle mischen die Jungen und Mädchen mit – sehr zur Freude unserer Gäste.

Unser aktuelles Projekt heißt »Service-Learning«: Hier engagieren sich Kinder der 8. Klasse anderthalb Stunden in der Woche für soziale Einrichtungen. Dieses »Lernen durch Engagement« (LdE oder englisch: »Service-Learning«) ist eine Lehr- und Lernform, die gesellschaftliches Engagement von Schülern mit fachlichen Lernen verbindet.[44]

»Das heißt:
- Schüler/Innen setzen sich für das Gemeinwohl ein.
- Sie tun etwas für andere oder die Gesellschaft.
- Sie engagieren sich aber nicht losgelöst oder zusätzlich zur Schule, sondern als Teil von Unterricht und eng verbunden mit dem fachlichen Lernen.
- Das Engagement der Schüler wird im Unterricht geplant, reflektiert und mit Inhalten der Bildungs- und Lehrpläne verknüpft.«[45]

Die Schüler begleiten während ihres Engagements bei uns etwa den Chor oder die Spielrunden. Unsere Gäste sind sehr angetan davon, dass Jugendliche zu ihnen

---

[44] Vgl. Seifert, A. & Zentner, S. (2010). Service Learning – »Lernen durch Engagement«: Methode, Qualität, Beispiele und ausgewählte Schwerpunkte. Eine Publikation des Netzwerks Lernen durch Engagement. Weinheim: Freudenberg Stiftung. Im Internet: http://www.servicelearning.de/fileadmin/user_upload/dokumente/3Pub_Wissen_LdE.pdf [Zugriff am 01.06.2015]; Seifert, A.; Zentner, S. & Nagy, F. (2012). Praxisbuch Service Learning. »Lernen durch Engagement« an Schulen. Weinheim: Beltz

[45] http://www.servicelearning.de/index.php?id=13 [Zugriff am 01.06.2015]

kommen. Sie erinnern sich an ihre Enkelkinder, genießen den Kontakt zu jungen Menschen. Auch die Schüler profitieren von den älteren Menschen. Es kommt vor, dass sie alte Volkslieder oder das Schachspiel von ihnen erlernen.

Ein weiteres Projekt trägt den Namen »Lesen verbindet«. Anderen Menschen Zeit schenken, ihnen vorzulesen und sich auszutauschen – das können Jugendliche bei uns in der Tagespflege. Ziel ist es, Kontakte zwischen Schulen und Senioreneinrichtungen zu knüpfen und regelmäßige Begegnungen zu initiieren, um Jung und Alt ins Gespräch miteinander zu bringen. Es ist ein Gewinn für beide Seiten: Während die Senioren eine Bereicherung ihres Alltags erfahren und sich als gefragte Gesprächspartner erleben, trägt der ehrenamtliche Einsatz in hohem Maße zur persönlichen Entwicklung der Jugendlichen bei. Sie erfahren eine Förderung ihrer sozialen und kommunikativen Kompetenzen, von Empathie, Selbst- und Verantwortungsbewusstsein. Und sie können das Vorlesen als gemeinschaftliche Tätigkeit und kommunikatives Handeln erfahren, als sinnvoll und bedeutsam – ein wichtiger Aspekt zur Stärkung ihrer Lesemotivation. Besonders Gäste mit einer Sehbeeinträchtigung profitieren natürlich von der Lesestunde mit den Schülern.

Es gibt verschiedene Möglichkeiten, die Vorlesetreffen zeitlich und programmatisch zu gestalten. Die Jugendlichen können z. B. zu mehreren einer Gruppe von Senioren vorlesen oder auch individuell einer Person. Abhängig ist das von den Rahmenbedingungen, den Wünschen unserer Gäste und der Jugendlichen.

Praxistipp: Eine genaue Planung ist wichtig

Zwischen Schule und Senioreneinrichtung werden im Vorfeld genaue Absprachen getroffen. Wir definieren beispielsweise die Form der Treffen, die Größe der Gruppe, die Räumlichkeiten sowie Dauer und Häufigkeit der Treffen. Wir informieren die Jugendlichen vorher zum Thema »Demenz«, um sie auf die Arbeit und vor allem auf den Umgang mit unseren Gästen vorzubereiten.

4.1.7.3 Veranstaltungen mit den Bewohnern des Hauses und des Kiezes

In regelmäßigen Abständen organisieren wir bei uns Veranstaltungen gemeinsam mit den Mietern des Hauses. Ziel ist es, die Gemeinschaft zu fördern und sich gemeinsam mit anderen Senioren neuen Herausforderungen zu stellen. Die Einladungen zu solchen Veranstaltungen gehen immer auch an die Menschen im Kiez.

Beim jährlichen »Tag der Gesundheit« treffen die Gäste unserer Tagespflege und Bewohner des Hauses auf Interessierte aus dem Kiez. Bei den Aktivitäten geht es um Bewegung, Gesundheit, Koordination, Gleichgewicht und natürlich Spaß. Nach der Begrüßung werden die Gäste in verschiedene Gruppen eingeteilt, bekommen den entsprechenden Gruppennamen umgehängt und werden durch eine Mitarbeiterin in den entsprechenden Raum begleitet. Die Zusammenstellung der Gruppen spielt eine wesentliche Rolle. Bewährt haben sich hier die Einteilung anhand verschiedener Stärken der Kognition und der Mobilität. So kann das jeweilige Angebot besser auf die Ressourcen der Teilnehmer abgestimmt werden. Niemand soll sich vorgeführt oder überfordert fühlen.

In den unterschiedlichen Räumen werden verschiedene Bereiche trainiert. Wir bieten kognitive Übungen an oder Übungen zur Mobilität, wie Kegeln, Wii-Konsole oder Gymnastik. Nach einer vorher festgelegten Zeit wird gewechselt. Zwischendurch bieten wir Getränke und Obst an. Zum Abschluss können alle Besucher sich beim entspannten Grillen stärken und austauschen.

Auch der »Tag der geistigen Fitness« ist eine jährliche Veranstaltung. Er beginnt mit einer kurzen Vorstellung der Aktivitäten und einem kleinen Vortrag darüber, warum es wichtig ist, immer wieder kognitive Übungen in den Tagesablauf zu integrieren. Hier fließen Beispiele ein, wie das Lesen eines Textes, der auf dem Kopf steht, das Rückwärtsbuchstabieren des Alphabets oder Rechnen während einer Bewegung. Auch an diesem Tag werden die Besucher in verschiedene Gruppen eingeteilt. Die kognitiven Übungen: Tierbilder auf dem Boden platzieren und gleiche Paare finden; verschiedene Lebensmittel zeigen und mit einem Tuch abdecken – Welches Lebensmittel stand an welchem Platz? Symbolkarten zeigen, eine entfernen – Welche fehlt? Auf dem Flipchart werden einfache Zeichnungen gezeigt, die die Besucher anschließend nachzeichnen sollen.

4.1.7.4 Tierbesuche

Es ist immer wieder erstaunlich, welche wichtige Rolle Tiere für unsere Gäste spielen. Viele haben sich als Kind einen vierbeinigen Spielkameraden gewünscht, mit dem es sich schmusen und ausgelassen herumtoben lässt. Ältere Menschen, die vielleicht den Lebenspartner verloren haben, sind froh, ein Lebewesen an ihrer Seite zu wissen, das im wahrsten Sinne des Wortes für sie da ist. Sie fühlen sich geliebt, beschützt und sind nicht mehr einsam. Ein Tier belebt den Alltag. Das Besondere an der Mensch-Tier-Beziehung: Tiere bewerten den Menschen nicht. Ob dick, dünn, groß, klein, weiß oder schwarz – für Tiere ist der Charakter eines Menschen und sein Verhalten wichtig. Die Bande zwischen Mensch und Tier haben ihre ganz eigene, spezielle Art der Kommunikation. Wer eine Beziehung zu Tieren aufbaut, kommuniziert intuitiv in deren Sprache. Da diese Kommunikation hauptsächlich auf Körperkontakt und Körpersprache beruht, begibt sich der Mensch auf eine tiefere Kommunikationsebene. Zudem machen Menschen die befreiende und wohltuende Erfahrung, dass es bei dieser Art der Kommunikation nicht zu Missverständnissen, unausgesprochenem Spott, Lügen oder gar Vorwürfen kommt. »Tiere sollen und können den Menschen nicht erset-

Tiere und Menschen – diese Art der Kommunikation ist unabhängig von Alter oder Krankheit.

zen, jedoch erweitern sie dessen Möglichkeiten einer aktiven Beziehungsgestaltung erheblich.«[46]

Im Garten unserer »Villa Albrecht« befindet sich ein Gehege mit Kaninchen und Meerschweinchen. Es ist so groß dimensioniert, dass es dort Stühle gibt, sodass sich unsere Gäste mitten ins Geschehen setzen können. Regelmäßig gibt es das Angebot, die Tiere zu streicheln und zu füttern. Dabei werden Kaninchen und Meerschweinchen auf eigens präparierte Tische gesetzt. So können unsere Gäste sie streicheln, füttern oder auch auf den Schoß nehmen. In der entspannten Atmosphäre ergeben sich Gespräche über eigene Erlebnisse, über das Früher und Gestern ganz von selbst.

Eine Mitarbeiterin bringt auch hin und wieder ihren Hund mit zur Arbeit. Es erstaunt uns immer wieder, wie viele unserer Gäste sofort eine Beziehung zu Charlie aufbauen. Da »fällt« dann mal eine Scheibe Wurst vom Tisch. Es wird der Wunsch geäußert, mit dem Hund nach draußen zu gehen, ihn zu streicheln, mit ihm zu sprechen und ihn zu rufen. Wir beobachten häufig, dass gerade Menschen, die sehr verschlossen sind, sich den Tieren gegenüber öffnen: Frau R. ist eine Dame, die sich ungern mit anderen unterhält. Mehrmals am Tag fragt sie, wann der Bus nach Hause fährt. Sie möchte aber auch nicht allein zu Hause sein und schimpft viel über die Menschen in ihrer Umgebung. Wenn allerdings der Hund da ist, ist Frau R. wie ausgewechselt. Sie kann herzlich über ihn lachen und strahlt über das ganze Gesicht. Obwohl Frau R. unter einer starken kognitiven Beeinträchtigung leidet, weiß sie immer den Namen des Hundes. Als er mal einige Wochen nicht in der Tagespflege war, fragte sie immer wieder: »Was macht denn der Charlie?«

Auch ein »Therapiehuhn« brachte unseren Gästen und Mietern viel Freude, denn es gab jede Menge zum Lachen.

---

[46] Hegedusch, E. & Hegedusch, L. (2007). Tiergestützte Therapie bei Demenz. Hannover: Schlütersche, S. 118

Das Therapiehuhn sorgte für viel Freude in der »Villa Albrecht«.

Praxistipp Tiertherapie

»Voraussetzung für einen tiertherapeutischen Einsatz ist zum einen die Befürwortung und Eignung der Klienten und zum anderen die professionell ausgebildeten, geeigneten Tiere und Therapeuten. Hinzu kommen vor allem die Bereitschaft zum Dialog und der Übergang zur Interaktion.«*

* Hegedusch & Hegedusch 2007, S. 52

4.1.7.5 Kulturelle Veranstaltungen

Allgemeine kulturelle Feste werden in die Tagespflege integriert. Für viele Menschen ist es eine Möglichkeit, frühere Erlebnisse damit in Verbindung zu bringen und sich an der Vorbereitung zu beteiligen. Der Karneval ist in manchen Regionen eine wichtige Veranstaltung und bedeutet für viele ein glückliches, ausgelassenes Miteinander mit Witz, Tanz und Musik. Wir haben uns bisher in jedem Jahr mit den Gästen zusammen ein Motto ausgedacht, um dann schon Wochen vorher die Vorbereitungen zu treffen. Die Räumlichkeiten verwandelten sich schon in orientalische Plätze oder in einen Hafen mit Hafenbar und Schiffen. Besonders unsere männlichen Gäste bringen sich hier mit ihren Ideen ein und helfen fleißig bei der Dekoration mit.

Geladen sind auch die Mieter des Hauses und jeder trägt seinen Teil bei. Manche backen einen Kuchen, andere bringen eine Bowle mit und gemeinsam wird getanzt, gesungen und gescherzt.

Ein anderes und sehr bedeutendes Ereignis, besonders für unsere weiblichen Besucher, ist die Modenschau. Viele Frauen achten sehr auf ihr Äußeres, doch manche Gäste haben nicht mehr die Möglichkeit, in ein Geschäft zu gehen und sich Kleidung zu kaufen. In Kooperation mit einem Warenhaus veranstalten wir deshalb jährlich eine Modenschau vor unserer »Villa Albrecht«.

An diesem Tag präsentieren Damen und Herren die neueste Mode auf dem Catwalk, der bei uns ein roter Teppich ist. Wie bei einer richtigen Modenschau, sitzen die Gäste entlang des Teppichs. Alle Models laufen in Begleitung, sodass bei der Präsentation nichts schiefgehen kann. Nach der Modenschau können unsere Gäste direkt einkaufen oder bestellen. Jedes Model erhält eine rote Rose und natürlich wird tüchtig applaudiert. Mit einem Barbecue klingt die Veranstaltung aus.

Modenschau: Wenn die Kunden nicht zur Ware kommen können, kommt die Ware eben zu ihnen.

Mitte Dezember feiern wir in der Tagespflege mit Gästen und Angehörigen eine Weihnachtsfeier. Vorbereitet wird das Fest gemeinsam mit den Gästen. Die Vorbereitungen dafür beginnen bereits im Sommer. Mit unseren Gästen machen wir uns Gedanken darüber, was sie den Angehörigen schenken können. Selbstgemachte Marmelade ist dabei der Favorit. Das ist etwas ganz Besonderes, da jeder Gast mitwirken kann. Im September werden Gläser gesammelt und die Besucher, die einen Garten haben, bringen uns körbeweise Früchte mit. Wer nicht beim Einkochen helfen kann oder mag, gestaltet die Gläser oder beschriftet sie. Wenn dann zur Weihnachtsfeier die Marmelade verteilt wird, strahlen alle Gäste, weil es ihr gemeinsames Werk ist.

Eine weitere Veranstaltung findet gemeinsam mit Kindern und Musikern statt, um verschiedene Generationen zusammenzubringen.

4.1.8 Mit allen Sinnen

4.1.8.1 Unser Garten

Vom WaschCafé aus gibt es einen barrierefreien Zugang zu einer kleinen Terrasse und auch die Hofeinfahrt ermöglicht den Zugang zu unserem liebevoll angelegten Garten. Von hier aus ist auch der Kontakt zur nahegelegenen Kita möglich. Die Gäste können im Außenbereich aktiv werden, z. B. beim Besuch des Kneipp-Beckens oder bei einem Probesitzen auf der seniorengerechten Schaukel. Dadurch werden unsere Gäste nicht nur an die Unbeschwertheit ihrer Kindheit erinnert. Schaukeln verbessert die Sinneswahrnehmung, stärkt die Bewegungsfähigkeit, sorgt für einen sicheren Gang, Das Gleichgewicht zwischen Muskelanspannung und -entspannung dient der Beruhigung, verringert Angstgefühle, fördert die Schmerzlinderung und Glücksgefühle. Schaukeln aktiviert und schult das Gleichgewichtsorgan im Innenohr, das über Bewegungen, Beschleunigungen, Vibrationen und Lage im Raum informiert. Außerdem unterstützt es die Verarbeitung von Seheindrücken im Gehirn.[47]

Im vorderen Bereich des Gartens steht ein Aktivgerät. Mit Spaß und ohne große Kraftanstrengung können die Gäste etwas ausprobieren und dabei Koordinationsvermögen und Körperbalance testen und trainieren. Durch die feste Integration in den Außenbereich fordert das Aktivgerät geradezu zur Nutzung heraus und fördert die spontane Lust an der Bewegung.

Die bereits erwähnten Kaninchen und Meerschweinchen sind nicht die einzigen Tiere im Garten. Hier können auch Ziervögel beobachtet werden, denn wir wollen unseren Gästen den Zugang zu Tieren so leicht wie möglich machen und die Natur nahe bringen.

Außerdem befindet sich im Garten ein Sinnes-Garten, der für die Gäste und Mieter des Hauses barrierefrei zugänglich ist. Er ist speziell für gehbehinderte und an den Rollstuhl gebundene Gäste konzipiert. Für ein intensives Erleben gibt es unter anderem ein Hochbeet mit Duftkräutern, eine Kräuterspirale und einen gut begehbaren Rundweg. Riechen und Berühren der Kräuter weckt den Appetit und die Erinnerung an die eigene Küche. Natürlich binden wir unsere Gäste auch in die Gestaltung, Bepflanzung und in die Pflege der Beete mit ein. Die Kochgruppe sucht sich beispielsweise vor der Zubereitung der Speisen mit Hilfe der Kräuterspirale die richtigen Zutaten für ein gelungenes Mittagessen heraus.

Zusätzlich zu einer Vielzahl von Blumen regen wir das Geschmackserlebnis durch Erdbeeren, Johannisbeeren, Stachelbeeren usw. an. Wir möchten unsere Gäste bewusst

---

[47] Vgl. http://www.welt.de/gesundheit/article13833325/Schaukeln-kann-Schmerzmittel-unnoetig-machen.html [Zugriff am 01.06.2015]

an ihren Garten oder das Einwecken erinnern. Die jährliche Ernte ist ein besonderes Erlebnis. Die Früchte werden dann als Dessert, Kuchen oder zur Marmelade verarbeitet.

An wärmeren Tagen nutzen unsere Gäste den Garten fast den ganzen Tag hindurch. An schönen Sommermorgen findet die Bewegungsrunde im Garten statt. An heißen Tagen bietet das Planschbecken die Möglichkeit für Wasserspiele mit den Füßen. Außerdem können Gesellschaftsspiele und Sportspiele wie Boccia gemeinsam gespielt werden. Die Gäste können ihr Mittag im Garten einnehmen und machen anschließend ein Schläfchen im Liegestuhl. Der Garten bietet auch eine gute Möglichkeit, um mit den Bewohnern des Hauses in Kontakt zu kommen und sich über Alltägliches auszutauschen.

An schönen Sommertagen ein gern genutzter Luxus: Mittagessen im Garten der »Villa Albrecht«.

Außerdem bietet der Garten interessierten Gästen die Möglichkeit, Arbeiten durchzuführen. Einige Gäste helfen beim Pflanzen, haken Laub, fegen die Wege oder sprengen den Rasen. Ein selbstgebautes Hochbeet bietet bewegungseingeschränkteren Gästen die Möglichkeit, Tomaten und Kräuter selbst zu pflanzen und zu pflegen.

4.1.8.2 Entspannung im Snoezelenraum

Entspannung wirkt sowohl regenerativ – also die Kräfte wieder herstellend – als auch stress-abschirmend. Sie stellt einen Ausgleich für körperliche und geistige Belastung, für Erregung und Emotionen da. Entspannung ist aber mehr als nur Seelenhygiene oder Stressmanagement. Es besteht ein enger Zusammenhang zwischen Körper und Geist im Entspannungszustand.[48]

[48] Vgl. Raditsch, P. (2011). Entspannung und Körperwahrnehmung. In: demenz.Leben11/2011, Hannover: Brinkmann & Meyhöfer, S. 10

Einfach mal abschalten und ruhig werden. Im Entspannungsraum ist das möglich.

In einem speziell eingerichteten Raum werden über dosiert eingesetzte Licht- und Klangelemente, Aromen sowie über spezielle Berührungsreize Wohlbefinden und Entspannung ausgelöst. Die beruhigende Wirkung des perlenden Wassers in der farbigen Wassersäule sowie die Waldtapete und die gemütliche Couch laden zum Entspannen und zur Ruhe ein. Eine gezielte Begleitung ermöglicht den Gästen, sich bei Reizüberflutung oder nach anhaltenden Belastungssituationen wieder sicher und geborgen zu fühlen. Traurigkeit, Antriebslosigkeit, aber auch auffallendes Verhalten lassen sich leichter durch das Angebot unseres Snoezelen- bzw. Entspannungsraums bewältigen.

»Für die Altenarbeit wurde das Snoezelen … erst in den neunziger Jahren entdeckt. Der Ursprung des Snoezelens liegt in der Arbeit mit schwerst geistig behinderten Menschen in den Niederlanden. … Die Begründer des Snoezelen weisen darauf hin, dass diese Methode im Grunde genommen nichts Neues ist. Es ist eher der bewusste Umgang mit Erfahrungen, die auch im pädagogischen und pflegerischen Alltag eine Rolle spielen, z. B.

- Wahrnehmungsförderung
- Kommunikationsförderung
- Pflegerische Maßnahmen
- Mobilitätsförderung«[49]

Hinzu kommt noch, dass ein Snoezelen- oder Entspannungsraum manchmal einfach das ist, was er ist: ein Raum der Entspannung und Ruhe. Ein Beispiel: Herr O. kommt einmal in der Woche in die Tagespflege. Seit dem Tod seiner Tochter ist er oft in sich gekehrt und lässt sich nur schwer motivieren, an den Betreuungsangeboten teilzunehmen. Als es ihm einmal psychisch sehr schlecht ging, äußerte er auf Nachfrage, dass er eigentlich nur seine Ruhe haben wolle. Wir begleiteten ihn in unseren Entspan-

[49] Löding, C. (2013). Snoezelen. Altenpflege professionell. München: Urban & Fischer, S. 2

nungsraum und sagten: »Wir können uns hier einfach hinsetzen und uns den Wald anschauen.« Genau das taten wir und es dauerte nicht lange, da begann Herr O. zu sprechen. »Ich habe eine besondere Liebe zum Wald. Es macht mir Freude, in diesem Raum zu sitzen«, sagte er, » einfach zu sitzen und in den Wald zu schauen.« Er wirkte plötzlich völlig entspannt und es war genau das, was er in diesem Moment brauchte.

4.2 Pflegerische Tätigkeiten in der Tagespflege

Die pflegerischen Tätigkeiten gehören neben den Tätigkeiten der Betreuung und Administration zu den Tätigkeiten unserer Pflegekräfte in der Tagespflege.

4.2.1 Grundpflege

Bereits beim ersten Gespräch informieren wir Interessenten über unsere Leistungen der Grundpflege. Zu den regelmäßigen Leistungen gehören die Hilfen bei der Ernährung und bei der Mobilität. Wenngleich die Hilfe bei der Körperpflege üblicherweise in der Häuslichkeit erfolgt, kann diese, sofern Bedarf besteht, auch in unserer Tagespflege durchgeführt werden. Das ist aufgrund der guten Voraussetzungen bei Ausstattung und Personal leicht durchzuführen. Für viele Gäste bedeutet dieses Angebot eine große Entlastung. Manche Gäste haben zu Hause nur eine schwer zugängliche Badewanne und keine behindertengerechte Ausstattung. Wir können unseren Gästen bei Bedarf Hilfe beim Duschen, Haarewaschen oder Rasieren anbieten. Darüber hinaus besteht das Angebot, ein Wohlfühlbad in unserem Hause zu nutzen, das aus Sprudelbad, einer Wärmeliege und einer Dampfdusche/-sauna besteht.

Bei der Ernährung streben wir eine Ausgewogenheit unter Berücksichtigung notwendiger Diäten an. Wir leiten unsere Gäste zur selbstständigen Nahrungsaufnahme, im Rahmen ihrer Möglichkeiten, an und üben mit ihnen den Umgang mit Hilfsmitteln.

Zur Verfügung stehen Hilfsmittel wie z. B. farbige Untersetzer oder Brettchen für Menschen mit einer Sehbeeinträchtigung oder Hemiparese. Aktivitäten, wie z. B. das selbstständige Auffüllen des Tellers durch unser Schöpfsystem, werden gezielt gefördert. Entsprechend unseres Grundsatzes des Förderns und Forderns werden unsere Mitarbeitenden insbesondere bei der Nahrungsaufnahme angehalten, nur dann einzugreifen, wenn Tätigkeiten vom Gast nicht übernommen werden können. Aber auch das bedeutet, dass nur eine unterstützende Hilfe, wie das Führen der Hand zum Mund, gegeben wird. Die Nahrung wird niemals vollständig gereicht.

Die pflegerischen Tätigkeiten beinhalten auch das An- und Auskleiden im Zusammenhang mit dem Verlassen und dem Aufsuchen der Wohnung bzw. der Tagespflege, mit

Toilettengängen und der Körperpflege. Dazu gehört auch das Training bei Gästen mit Einschränkungen (z. B. bei Hemiparese). Auch hier steht im Vordergrund die aktivierende Pflege mit dem Ziel der größtmöglichen Selbstständigkeit, Selbstbestimmtheit und Teilnahme am Leben in der Gemeinschaft innerhalb und außerhalb der Tagespflege.

Das Wechseln der Kleidung gehört ebenfalls zu den pflegerischen Aufgaben. Jeder Gast hat in der Tagespflege einen Beutel mit Wäsche hinterlegt, sodass ein Wäschewechsel bei Verschmutzung erfolgen kann.

Die Hilfen bei der Ausscheidung gehören zu den pflegerischen Tätigkeiten. Vor allem das Toilettentraining ist ein wichtiger Bestandteil der Inkontinenzprophylaxe.

4.2.2 Behandlungspflege

Wie auch in der vollstationären Pflege werden Behandlungspflegen, obwohl eigentlich Leistung des SGB V, nicht gesondert finanziert. Grundlage für die Durchführung von Maßnahmen der Behandlungspflege ist eine ärztliche Verordnung. Die Durchführung erfolgt in Abstimmung mit den Gästen, den Angehörigen und Pflegediensten. Sie wird, sofern notwendig, von Pflegefachkräften erbracht und dokumentiert. Vor dem Hintergrund des meist tageweisen Aufenthaltes in unserer Einrichtung ist die Kommunikation mit allen weiteren an der Pflege beteiligten Personen, sofern der Tagesgast dies nicht selbst übernehmen kann, außerordentlich wichtig.

Die häufigste behandlungspflegerische Aufgabe ist die Medikamentengabe, sofern die Gäste diese nicht selbstständig durchführen können. Ist eine selbstständige Einnahme möglich, wird diese durch Erinnerung und Hilfestellungen gefördert, damit die Fähigkeit auch in der Häuslichkeit erhalten bleibt.

Erforderlichenfalls übernehmen die Pflegefachkräfte in der Tagespflege auch die Vitalzeichenkontrolle. Konzeptionell festgelegt haben wir die Erhebung der Vitalzeichen bei Aufnahme und anschließend alle sechs Monate bzw. bei Veränderungen des Gesundheitszustandes.

In der Regel wird in unserer Tagespflege keine spezifische Wundversorgung durchgeführt. Da die meisten Gäste nur eine geringe Anzahl an Besuchstagen bei uns haben, muss die korrekte Wundversorgung über die beauftragten Pflegedienste erfolgen. Es besteht aber die Möglichkeit, dass eine extern beauftragte Fachkraft (»Wundschwester«) die Versorgung in unserer Einrichtung übernimmt. Sollte ein Verbandswechsel nötig sein – etwa als Erste Hilfe oder als pflegerisch notwendiges Eingreifen in eine bestehende Versorgungssituation des Gastes –, erfolgt die Wundversorgung selbstverständlich durch unsere Fachkräfte. Der weitere Versorgungsbedarf wird je nach Lokalisation und Art der Wunde bestimmt.

4.3 Administrative Tätigkeiten in der Tagespflege

4.3.1 Allgemeine administrative Tätigkeiten der Mitarbeitenden

Die administrativen Tätigkeiten der Mitarbeitenden umfassen zum größten Teil Tätigkeiten im Zusammenhang mit der Pflegedokumentation. Außerdem beinhalten sie die Verwaltung der Gelder für die täglichen Ausgaben (Lebensmittel), die Ausarbeitung und das Aushängen der Speise- und Wochenpläne, die Gestaltung des Veranstaltungsplanes, die Lenkung des Fahrdienstes bei Unregelmäßigkeiten, Einarbeitung neuer Mitarbeitender, Fallbesprechungen und die morgendliche Teambesprechung.

4.3.1.1 Die Pflegedokumentation

Wer kennt nicht die leidige Diskussion um die Pflegedokumentation und den damit verbundenen Zeitaufwand? Das nun mit großem Aufwand betriebene Modell zur »Effizienzsteigerung der Pflege« (Entbürokratisierungsmodell) soll dem begegnen und wird hoffentlich für diejenigen, die möglicherweise zu viel Aufwand betreiben, eine Erleichterung darstellen.

Aus unserer Sicht lohnt es sich unbedingt, nicht nur die »Last« der Dokumentationspflicht zu sehen, sondern auch die Möglichkeit der Reflexion der eigenen Arbeit und des tieferen Verständnisses des Tagesgastes. Die Pflegedokumentation dient darüber hinaus dem Nachvollzug von Leistungen und ist Grundlage für eine systematische Pflegeplanung.

Wir haben uns in unserer Tagespflege für ein elektronisches Pflegedokumentationsprogramm entschieden. Es wird durch handschriftliche Dokumente ergänzt, die bisher noch nicht elektronisch übernommen werden konnten. Wir verstehen das Dokumentationssystem als ein Arbeitsinstrument zur transparenten Darstellung und Nachweisführung der Pflege und Betreuung sowie der aktuellen gesundheitlichen und sozialen Situation des Gastes. Es ist eine Sammlung von Schriftstücken, die sich auf den jeweiligen Pflegeprozess beziehen. Alle den Gast betreffenden Informationen werden an einer Stelle aktuell zusammengeführt und die einzelnen Arbeitsschritte der Pflege festgelegt.

Der Aufbau der Pflegedokumentation erfolgt nach einem vorgegebenen System und festgelegten Dokumentationsunterlagen entsprechend der dargestellten Prozessphasen. Es wird für jeden Gast unabhängig von der Anzahl der Anwesenheitstage eine Dokumentation angelegt.

Pflegedokumentation – immer aktuell

Die Aufnahme eines Gastes in das elektronische Pflegeprogramm erfolgt durch die verantwortliche Bezugspflegefachkraft, die jedem Gast bei Aufnahme in die Tagespflege zugeordnet wird. Die Stammdaten dienen in der Tagespflege als »Ausweis« des Gastes und enthalten alle zentralen Angaben. Die Aktualität wird im Rahmen der Evaluation der Pflegedokumentation alle sechs Monate überprüft. Eine Kopie kann in einer Krisensituation (Krankenhauseinweisung) als »Überleitungsbogen« mitgegeben werden.

Zur Unterstützung unserer anamnestischen Erhebungen nutzen wir einige zusätzliche Erfassungsdokumente, wie z. B. Elemente des geriatrischen Assessments (MMSE), die geriatrische Depressionsskala (GDS), Skalen zur Schmerzeinschätzung sowie Selbst- und Fremdeinschätzung des Gesundheitszustandes. Natürlich ist jedes zusätzliches Erhebungsinstrument nur dann nützlich, wenn der sachgerechte Umgang damit gelernt wurde und wenn die erhobenen Informationen auch bewertet werden. Die Auswertung bzw. die Schlussfolgerungen erfolgen nach Möglichkeit in einer gemeinsamen Fall- oder Teambesprechung.

Insbesondere die Selbsteinschätzung unserer Gäste ist ein wichtiger Anhaltspunkt in der Kommunikation und Planung der Pflege, steht doch ihre Selbstbestimmtheit und Selbstständigkeit im Vordergrund. Ihre Sichtweise, ihr Erleben und Fühlen werden ernst genommen. Für den Umgang mit den eigenen Beeinträchtigungen ist nicht in erster Linie unsere Kenntnis über die Diagnose wichtig, sondern die Frage, ob eine Einsicht in Krankheit oder Pflegebedürftigkeit vorhanden ist. Sofern dies trotz objektiven Vorhandenseins nicht der Fall ist, kann die Erlangung einer Einsicht eine Zielstellung sein.

Die Selbstbeschreibung soll möglichst als wörtliche Rede/Zitat dargestellt werden. Anders ist es, wenn der Gast aufgrund seiner Erkrankung keine Selbstaussage mehr treffen kann. Dies ist dann entsprechend zu dokumentieren (z. B. »Kann keine Aussage über seinen/ihren Zustand machen«), und es erfolgt eine Fremdbeschreibung des Gesundheitszustandes. Dabei handelt es sich häufig um Informationen, die bereits im Vorgespräch/in der Akquise durch die Bezugspersonen bzw. vermittelnden Stellen gegeben wurden. Häufig erfolgt die Beschreibung im Zusammenhang mit einem bestimmten Anliegen oder einer Fragestellung. Aber auch in diesen Fällen ist die Selbstbestimmtheit des Gastes grundsätzlich zu berücksichtigen. So sind Angehörige nicht gegen den ausdrücklichen Wunsch der Tagesgäste zu befragen. Auf der Dokumentation sollte erkennbar sein, durch welche Personen die Angaben erfolgten, oder ob die Informationen aus ärztlichen Diagnosen und Krankenhausaufenthalten entnommen wurden.

Diagnosen sind in Form von Stichworten aus Arztbriefen, Epikrisen, Entlassungsberichten oder Überleitungsbögen zu übernehmen. Hinsichtlich der Krankenhausaufenthalte sollten die Aufenthalte aus der nahen Vergangenheit möglichst vollständig berücksichtigt werden. Sofern keine Krankenhausaufenthalte vorausgingen oder nicht ermittelbar sind, wird auch dies entsprechend dokumentiert. Kommen während des Betreuungszeitraumes in der Tagespflege weitere Krankenhausaufenthalte hinzu und/oder werden weitere Diagnosen gestellt, wird dies ebenfalls in der Lebensgeschichte und Biografie erfasst.

»Biografieorientiertes Arbeiten«

»Biografieorientiertes Arbeiten« bedeutet, die Menschen in ihrem Lebenszusammenhang zu begreifen und zu begleiten. Um evtl. auch sonderbar erscheinende Verhaltensweisen zu verstehen, ist es hilfreich, Lebensgeschichte und prägende Ereignisse zu kennen. Das gilt insbesondere für Menschen mit kognitiven Einschränkungen. Auch hier gilt es zu dokumentieren, wenn die Angaben nicht vom Tagesgast selbst, sondern von seinen Bezugspersonen gemacht wurden.

Das Fremderleben der nahestehenden Personen kann sich durchaus deutlich vom Eigenerleben unterscheiden. So können beispielsweise die biografischen Angaben zum Leben der Mutter von mehreren Kindern stark variieren. Sofern ein Tagesgast über persönliche Dinge nicht sprechen möchte, respektieren wir dies und halten es entsprechend fest. Manchmal besteht zu einem späteren Zeitpunkt die Gelegenheit und Bereitschaft, entsprechende Informationen zu gewinnen.

Die Erfassung von Risiken gehört zu den festen Bestandteilen unserer Arbeit in der Tagespflege. Schon bei der Aufnahme befragen wir die Interessenten bzw. deren Angehörige über bereits bestehende Probleme bezüglich der Haut, Schmerzen, Inkontinenz, Ernährung, Sturz und Dekubitus und notieren die Angaben.

Während der ersten Anwesenheitstage sieht unser Eingewöhnungskonzept außerdem die Einschätzung der Faktoren bezüglich des Trink- und Essverhaltens durch das Führen eines Trink- und Essprotokolls, das Gewicht, Haut- und Gelenkerkrankungen durch Begutachtung, Schmerzen, Kontinenz/Inkontinenz und Sturzgefahr vor. Bei Vorhandensein einer Gefahr dokumentieren wir die Risikofaktoren und leiten entsprechende Maßnahmen ein. Die Erfassung und der Umgang mit einem vorliegenden Risiko sind in einer Verfahrensanweisung beschrieben. Die Verfahrensanweisungen sind in Anlehnung an den entsprechenden Expertenstandard verfasst und dienen den Mitarbeitenden als Grundlage ihrer Arbeit. Die Verfahrensanweisungen beinhalten eine Definition, Ziele, Verantwortlichkeiten, Durchführung, Einschätzung, allgemeine und spezielle Maßnahmen.

Um ein Risiko zu erfassen, nutzen wir spezifische Assessments, beispielsweise zur Wund- und Kontrakturerfassung, Schmerzerfassung, MNA (Minimal Nutritional Assessment), Bradenskala, eine systematische Sturzrisikoerfassung und Dokumente zur Schmerzeinschätzung sowie zur Kontinenz bzw. Inkontinenzerhebung. Die Erhebung erfolgt bei Aufnahme und – wenn kein Risiko vorliegt – bei halbjährlich bzw. bei Veränderung der Situation.

Sollte ein Risiko bzw. ein Problem vorliegen, ist in der entsprechenden Verfahrensanweisung die Zeit der Evaluation geregelt. Außerdem sind diese Dokumentationsmappen mit einem roten Punkt versehen, als Hinweis für die Mitarbeitenden. In der morgendlichen Teamsitzung wird auf diese Gäste speziell eingegangen. Während des Tages füllen die Mitarbeitenden entsprechende Protokolle (Ernährungsprotokoll, Trinkprotokoll, Toilettentraining, Bewegungsplan) aus. Eine Überprüfung findet regelmäßig durch die leitende Pflegefachkraft statt. Außerdem werden Informationen über vorhandene Dekubitalulzera, Stürze und Kontrakturen umgehend an die leitende Pflegefachkraft weitergeleitet und entsprechende Maßnahmen eingeleitet.

Risikoerfassungen zu Sturz, Kontrakturen, Inkontinenz, Ernährung und Dekubitus nutzen wir nicht nur, um bei bestehenden Risiken entsprechende Maßnahmen einzuleiten und darzulegen, sondern auch, um die Gäste und ggf. ihre pflegenden Angehörigen zu beraten. Und auch hier gilt, dass die Wünsche des Gastes unbedingt zu berücksichtigen sind. So beraten wir den Gast hinsichtlich der Entfernung von Stolperfallen in seinem Haushalt, entfernen diese aber nicht gegen seinen Willen. Wird der Gast in seiner Häuslichkeit durch einen ambulanten Pflegedienst versorgt, achten wir hier auf eine besondere Zusammenarbeit und ggf. Abstimmung der Maßnahmen.

Wenngleich die Selbstauskunft der Tagesgäste vorrangig ist, nutzen wir dort, wo es erforderlich und gewünscht ist, die Mitwirkung der Angehörigen oder sonstiger wichtiger Bezugspersonen. Häufig sind sie es, die ihrem pflegebedürftigen Angehörigen den Besuch einer Tagespflege empfehlen, auch weil sie sich eventuell selbst mit der häuslichen Pflege überlastet fühlen, während der Pflegebedürftige selbst seine eigenen Fähigkeiten noch deutlich besser einschätzt.

Während des ersten Gesprächs werden Daten gesammelt, die im weiteren Verlauf in die Pflegedokumentation aufgenommen werden. Die Angehörigen erhalten das Stammblatt, das Dokument zu den biografischen Angaben und zur Einschätzung des Gesundheitszustandes, um es zu Hause oder auch mit Unterstützung einer Mitarbeiterin in der Einrichtung auszufüllen. Auch eine telefonische Befragung ist möglich. Uns ist es wichtig, dass die Perspektive des Angehörigen besonders bei der Aufnahme des Gastes einbezogen wird, da so – insbesondere bei kognitiven oder seelisch beeinträchtigten Menschen – wichtige Rückschlüsse auf Verhaltensweise des Gastes gezogen werden können, die sich durch Ereignisse in der Vergangenheit erklären lassen.

So können ggf. Maßnahmen geplant werden, die auch in der Häuslichkeit des Gastes bedeutsam sind. Deshalb ist ein regelmäßiger Kontakt zu den Angehörigen unerlässlich. Die Gäste bzw. ihre Angehörigen werden gebeten, uns eine Kopie relevanter Dokumente (Gesetzliche Betreuung/Vollmacht, Ärztliche Gutachten, Krankenhausberichte etc.) zu überlassen.

Die Umsetzung einer individuellen und rehabilitativen Pflege und Betreuung ist nur möglich, wenn sie zielgerichtet, d.h. messbar und realistisch geplant wird. Nach der Erstellung der Anamnese, der Erhebung von Stärken, Defiziten und Risiken und dem persönlichen Kennenlernen und Erleben lässt sich abschätzen, welche fachlichen Ziele mit dem Gast zu verabreden und zu bearbeiten sind. Dabei müssen wir aber unbedingt berücksichtigen, welche Ziele, Vorstellungen und Wünsche der Gast selbst mitbringt. Entsprechend unseres ganzheitlichen Verständnisses von Gesundheit und Wohlbefinden kann es sich dabei um Ziele handeln, die sich auf den körperlichen, den seelischen und/oder kognitiven Bereich oder auf den Alltag bzw. das soziale Umfeld beziehen.

Grundlage der Pflegeplanung ist der Anamnesebogen. Die Ziele sollten sich auf die zuvor gefundenen Probleme/Defizite bzw. der Förderung der Ressourcen beziehen.

Sind die fachlichen Ziele formuliert und in einer Fallbesprechung kommuniziert und diskutiert worden, werden sie mit dem Gast auf Übereinstimmung überprüft. Die dazugehörigen Maßnahmen (z.B. die Teilnahme an spezifischen Gruppenangeboten) werden mit dem Gast verabredet. In der Umsetzungsphase ist es immer wieder wichtig, auf die Angemessenheit und die aktuelle Befindlichkeit zu achten. Daher ist ggf. auch von der Planung abzuweichen, was schriftlich niederzulegen ist. Nach sechs Monaten ist zu überprüfen, ob die gesetzten Ziele erreicht wurden bzw. sind der Umsetzungsstand und die Angemessenheit der Ziele zu bewerten. Es folgt eine neue bzw. modifizierte Zielsetzung.

Praxistipp: Fallbesprechung

Eine Fallbesprechung erfolgt nach festgelegten Kriterien. Diese umfassen die Ausgangssituation, eine Darstellung des Problems bzw. die Fragestellung, Lösungen und eingeleitete Maßnahmen. Ziel ist die Sicherung einer bestmöglichen Betreuung und Versorgung der Tagespflegegäste. Die Probleme und Bedürfnisse des Gastes werden erkannt und besprochen. Im Team wird nach der bestmöglich geeigneten Lösungen gesucht. Die Fallbesprechungen finden in der wöchentlichen Ergebnisteamsitzung statt.

Bei Veränderungen im psychischen, sozialen oder pflegerischen Bereich werden ebenfalls Fallbesprechungen in der Einrichtung angestrebt. Erforderlichenfalls können diese auch zur Besprechung schwerwiegenderer Probleme in der Häuslichkeit genutzt werden. Zu diesem Termin werden die Angehörigen und weitere an der Pflege und Betreuung beteiligte Personen eingeladen. Aus der Tagespflege sind die Leitung und die Bezugspflegekraft anwesend.

Auch die Einnahme der Medikamente wird in der Anamnese und in der Pflege-/Betreuungsplanung berücksichtigt. Die Gäste können und sollen ihre Medikamente nach Möglichkeit grundsätzlich selbstständig einnehmen. Sofern sie an den Zeitpunkt der Einnahme erinnert werden müssen, dokumentieren wir das. Müssen die Medikamente durch eine Pflegefachkraft verabreicht werden, bedarf es der ärztlichen Anordnung.

Eine regelmäßige Evaluation erfolgt nach sechs Monaten bzw. nach Veränderung des Gesundheitszustandes und liegt in der Verantwortung der zuständigen Bezugspflegekraft. Eine Kontrolle erfolgt einmal jährlich durch die verantwortliche Pflegefachkraft durch die Pflegevisite.

Neben den tagsüber erbrachten Leistungen sind auch die indirekten Maßnahmen zu beschreiben, die der Aufrechterhaltung der eigenen Lebensführung und der Entlastung pflegender Angehöriger dienen. Dies bezieht sich insbesondere auf Kooperationsaufgaben mit Angehörigen, ambulanten Diensten und den behandelnden Ärzten bzw. Institution.[50]

Ein Formular (s. Anhang »Checkliste Beratung-Angehörigenarbeit«) gibt Aufschluss über die vorhandenen Kontakte mit den Angehörigen, wichtigen Bezugspersonen oder Betreuern hinsichtlich Beratung, Einladungen und Teilnahme an Veranstaltungen sowie Ausgabe von Broschüren und Informationen. Alle Mitarbeitenden dokumentieren Beratungs- und Informationsgespräche mit den Angehörigen, Betreuern und dem Gast in den entsprechenden Spalten. Umfassendere Gespräche werden auf einem Gesprächsprotokoll dokumentiert. Die gewonnenen Erkenntnisse werden über ein festgelegtes Informationssystem allen Mitarbeitenden zur Verfügung gestellt. Ausgehändigte Broschüren und Informationen werden ebenfalls auf dem Formular vermerkt.

Der Leistungsnachweis dient als täglicher Nachweis der erbrachten Pflege und Betreuungsleistungen, ist Grundlage für die Rechnungslegung am Ende des Monats.

Neben der individuellen Pflegedokumentation gehört zu den täglichen Dokumentationen in der Tagespflege die Entnahme und Rückgabe des Schlüssels eines Gastes, der

50 Kuratorium Deutsche Altershilfe (Hrsg.) (2010). Tagespflege. Planungs- und Arbeitshilfe für die Praxis. Köln: KDA, S. 77

Reinigungsnachweis, die tägliche Lenkung des Fahrdienstes und die Dokumentation der morgendlichen Teamsitzungen.

4.3.1.2 Schlüsselaufbewahrung

Bezüglich der Schlüsselaufbewahrung durch die Tagespflege, ist es notwendig, dass dies auf einem Schlüsselnachweisprotokoll dokumentiert wird. Teilweise ist es erforderlich, dass die Begleitperson des Fahrdienstes die Wohnungstür eines Gastes öffnen muss, um diesen zur Tagespflege abzuholen. Dies erfolgt nur nach Absprache mit den Gästen bzw. deren Angehörigen/Betreuern und setzt eine genaue Protokollierung des Schlüssels voraus. Bei Aufnahme bzw. im Verlauf des Besuches eines Gastes wird eine Schlüsselübergabe protokolliert, wenn ein Aufschließen der Wohnung aufgrund von z. B. Schwerhörigkeit, Immobilität oder anderen Einschränkungen notwendig wird. Am jeweiligen Besuchstag nimmt der Begleiter vor Fahrtantritt den Schlüssel aus dem abschließbaren Schlüsselschrank und dokumentiert das. Der Schlüssel muss vor und nach jeder Tour auf dem Protokoll ein- bzw. ausgetragen werden. Vor der Türöffnung eines Gastes wird angeklopft oder geklingelt, damit sich dieser nicht erschreckt.

4.3.1.3 Hygienearbeiten

Ein Reinigungsnachweisprotokoll befindet sich am festgelegten Ort in der Tagespflege. Alle Mitarbeitenden und Helfenden müssen die standardisierten Tätigkeiten in betreuungsfreien Zeiten durchführen. Dazu gehören die täglichen, wöchentlichen und monatlichen Reinigungsarbeiten.

Die Kontrolle des Medikamentenschrankes erfolgt einmal monatlich durch eine Mitarbeiterin der Tagespflege. Dabei werden Verfallsdatum, Beschriftung der Medikamente mit Namen und Geburtstag des Gastes und gekühlte Medikamente überprüft. Neben der Kontrolle durch die Mitarbeiter erfolgt einmal jährlich eine Kontrolle durch eine Mitarbeiterin einer Apotheke.

4.3.1.4 Koordination des Fahrdienstes

Auch die Lenkung des Fahrdienstes gehört zu den Aufgaben der Mitarbeitenden. Teilweise kommt es vor, dass Gäste oder deren Angehörige morgens oder im Laufe des Tages anrufen oder per Anrufbeantworter mitteilen, dass sie aus verschiedenen Gründen die Tagespflege an diesem Tag nicht aufsuchen können. Der Mitarbeitende, der zuerst in der Einrichtung ist, hört den Anrufbeantworter ab und gibt die Information an alle Beteiligten weiter.

4.3.1.5 Planung der täglichen Angebote

Die morgendliche Teamsitzung beginnt mit der Dokumentation der einzelnen Angebote, Mitarbeitenden und Gäste. Es wird ein Mitarbeitender benannt, der an diesem Tag die Verantwortung für die Planung und Umsetzung der Angebote hat. Die zuständige Person erhält den »Übersichtsplan«, in dem die Gäste dieses Tages aufgeführt sind. In einzelnen Spalten werden die Gäste mit den unterstützenden Mitarbeitenden eingetragen. Dabei werden die Interessen, biografische Hintergründe und Erfahrungen mit den einzelnen Gästen berücksichtigt. Es wird darauf geachtet, dass die Gruppen nicht zu groß und der Tag bis zum Nachmittag geplant ist.

4.3.1.6 Planung von Veranstaltungen

Neben den täglich anfallenden Tätigkeiten gehören die Gestaltung von Veranstaltungen, die Einarbeitung neuer Mitarbeitender und damit verbundene Nachweispflichten, die Durchführung oder Mitwirkung bei Fallbesprechungen, die Erfassung und der Umgang mit Kundenmeinungen und Beschwerden, die Zufriedenheitsabfrage der Gäste und Angehörigen sowie die beratenden Tätigkeiten im Bereich der Hilfsmittel zu den Aufgaben aller Mitarbeitenden.

Die Gestaltung des Veranstaltungsplanes dient der längerfristigen Planung und Übersicht. So gibt es in unserer Tagespflege neben den regelmäßig stattfindenden auch immer wieder besondere Veranstaltungen. Jede Woche wird ein aktueller Plan ausgehängt, auf dem alle regelmäßigen Aktivitäten und Gruppenangebote aufgeführt sind und zusätzlich die besonderen Höhepunkte. Die Tagesgäste werden bei der Ausgestaltung der Veranstaltungen und Durchführung einbezogen.

4.3.1.7 Einarbeitung neuer Mitarbeitender

Die Einarbeitung gehört ebenfalls zu den Aufgaben aller Mitarbeitenden. Bevor ein neuer Mitarbeitender in die Tagespflege kommt, wird im Team festgelegt, wer für die Einarbeitung vorrangig zuständig ist. In der Regel ist das eine Pflegefachkraft. Jedes neue Teammitglied erhält am ersten Tag eine Einarbeitungsmappe, auf der die wesentlichen Punkte der Einarbeitung aufgeführt sind, die bis zum Ende der Einarbeitungszeit erfüllt sein sollen. Zu Beginn und am Ende des ersten Arbeitstages findet grundsätzlich ein Gespräch statt, das die zuständige Fachkraft führt. Es werden die Ziele der Tagespflege, aber auch persönliche Ziele besprochen. Die Räumlichkeiten werden gezeigt, die Kollegen vorgestellt und das Pflegekonzept erläutert. Auch die fachliche Begleitung von Hilfskräften und Praktikanten sowie die Mentorentätigkeit für Auszubildende und Freiwillige ist Bestandteil der Mitarbeiteraufgaben.

4.3.1.8 Fallbesprechungen

Fallbesprechungen sind ein unverzichtbares Instrument der Pflegeprozessevaluation. Alle Teilnehmer konzentrieren sich dabei auf ihre Aufgabe. Nach Möglichkeit werden auch weitere an der Pflege beteiligte Personen einbezogen. Es werden Lösungsmöglichkeiten für die individuellen Pflegeprobleme erarbeitet, diskutiert und beschlossen. Gegenstand der Diskussion ist ausschließlich die pflegerische Situation des Gastes. Eine Fallbesprechung findet bei jedem Gast in der Eingewöhnungsphase, nach sechs Monaten nach Aufnahme oder bei besonderen Vorkommnissen statt.

4.3.1.9 Bearbeitung von Beschwerden

Das Beschwerdemanagement, d. h. die Erfassung und der Umgang mit Kundenmeinungen und Beschwerden gehören zu den administrativen Aufgaben unserer Mitarbeitenden. Der Anlass kann sachlich oder persönlich begründet sein. Wir haben die Begriffe für uns definiert, alle Mitarbeitenden werden hinsichtlich des angemessenen Umgangs geschult. Und vieles lässt sich leicht beseitigen. Als sich Gäste über die Lautstärke einer Kegelrunde beschwerten, die während der Mittagsruhe stattfand, wurde die lustige Kegeltruppe vom Flur in den Tagespflegeraum verlagert. Außerdem wurde der Gast zu verschiedenen Zeitpunkten zum Lärmpegel befragt. Von Seiten der Angehörigen kommt es hin und wieder zu kleineren oder größeren Reklamationen. Eine betraf das Beschmutzen der Kleidungsstücke während der Nahrungsaufnahme und die Bitte der Angehörigen, dem Gast ein Tuch umzuhängen. Das lehnten wir ab, um den Gast nicht von den anderen auszugrenzen. Wir boten stattdessen an, beschmutzte Kleidungsstücke in der Tagespflege zu waschen.

Bei einer Beschwerde wird das Protokoll »Beschwerdemanagement« von demjenigen ausgefüllt, der die Beschwerde entgegennimmt. Auf dem Protokoll werden der Name des Beschwerdeführers, der Anlass und die eingeleiteten Maßnahmen benannt. Die Beschwerde und die Maßnahmen werden an die verantwortliche Pflegefachkraft und die Mitarbeitenden weitergeleitet und anschließend in die Pflegeplanung des Gastes übertragen. Nach ca. ein bis vier Anwesenheitstagen wird der Beschwerdeführer vom Beschwerdeaufnehmer befragt, ob die Zufriedenheit wieder hergestellt werden konnte. Sollte das nicht der Fall sein, sind erneut Maßnahmen zu planen. Eine erneute Zufriedenheitsabfrage erfolgt dann ebenfalls nach ein bis vier Anwesenheitstagen.

4.3.1.10 Überprüfung der Zufriedenheit

Einmal jährlich werden Gäste, Angehörige bzw. Betreuer hinsichtlich ihrer Zufriedenheit mit der Pflege und Betreuung ihres Angehörigen in unserer Einrichtung befragt. Dies ist Bestandteil der Evaluation der Pflegedokumentation. Die Auswertung erfolgt mit den an der Pflege beteiligten Personen, sofern sich die einzelnen Punkte auf diese beziehen. So erhält der Fahrdienst beispielsweise ein regelmäßiges Feedback bezüglich Pünktlichkeit und Zufriedenheit der Gäste. Sollten Gäste oder deren Angehörige mit einzelnen Sachen nicht zufrieden sein, werden diese im Team besprochen und Änderungen unternommen. Eine regelmäßige systematische Zufriedenheitsabfrage beinhaltet neben Fragen zum Fahrdienst auch Fragen bezüglich der Körperpflege, zum Umgang des Personals, zum Essen, Trinken etc.

4.3.1.11 Hilfsmittelberatung

Wir bieten unseren Gästen regelmäßig eine Hilfsmittelberatung an. Die Tagespflege ist ein sehr geeigneter Ort, um zum Beispiel einen Rollator auszuprobieren. Gerade im Bereich der Sturzprävention ist es hilfreich, dieses Hilfsmittel auf unebenen Straßen und Wegen zu nutzen. An erster Stelle steht natürlich die Beratung. Der Gast kann sich bei uns mit einem Rollator vertraut machen. Wir zeigen ihm die Handhabung, stellen das Gerät auf seine Höhe ein und geben dem Gast dann die Gelegenheit, mit dem Rollator in Begleitung spazieren zu gehen. Häufig merken unsere Gäste, dass das Laufen mit einem Rollator viel sicherer ist und die Mobilität gesteigert wird.

Außerdem beraten wir unsere Gäste über die Nutzung von Hüftprotektoren. Wir haben verschiedene Hüftprotektoren vorrätig, die zur Sturzprophylaxe dienen.

Hüftprotektoren sind in unterschiedlichen Ausführungen bei uns zur Probe erhältlich. Die Schutzschalen oder Polster in die Hüftprotektoren können fest eingenäht oder auch herausnehmbar sein. Unsere Gäste können entscheiden, welches Modell sie zu Hause ausprobieren möchten. Sollten sie sich für solch ein Hilfsmittel entscheiden, helfen wir ihnen bei der Beschaffung. Leider werden die Hüftprotektoren von unseren Gästen nicht oder selten genutzt. Dabei sind wir der Meinung: Protektoren bieten einen begrenzten Schutz vor Schenkelhalsfrakturen. Als isolierte Maßnahme ist dieses Schutzsystem hingegen unzureichend. Es ist unverzichtbar, dass zusätzlich weitere Präventionsmaßnahmen ergriffen werden.

Auch in der Versorgung der Inkontinenz haben wir als Tagespflege den idealen Rahmen für die Beratung. Durch den langen Aufenthalt von ca. acht Stunden hat der Gast die Möglichkeit, verschiedene Produkte zu probieren, um sich in seinem Alltag wieder sicherer zu fühlen. Nicht selten erleben wir, dass die Vielfalt und die verschiedenen Arten von IKM Gästen und Angehörigen völlig unbekannt sind. Oft sind sie später sehr dankbar, dass zum Beispiel durch das Tragen einer Pants der selbstständige Gang zur Toilette wieder möglich ist.

»Die Mitarbeiter der Tagespflege hatten einen geschulten Blick und die Erfahrungen, welchen Umfang die Betreuung meiner Mutter in Anspruch nimmt, dadurch, dass sie acht Stunden mit ihr zusammen waren«, berichtete uns etwa Frau T. »Allein hatte ich gar keine Ahnung, was es für Voraussetzungen braucht, zum Beispiel eine höhere Pflegestufe zu beantragen und mehr Unterstützung in Anspruch zu nehmen.« Die professionelle Beratung hat ihr in vielen Situationen weitergeholfen. Sie hatte die Möglichkeit, mit Menschen zu sprechen, die ihre Mutter wirklich kennen und wissen, wovon sie spricht.

4.3.1.12 Das leibliche Wohl

Eine Mitarbeiterin ist rund um die Ernährung in unserer Tagespflege zuständig. Sie übernimmt alle administrativen Aufgaben, die damit im Zusammenhang stehen, wie die Erstellung und das Aushängen des Speiseplans. Der Speiseplan wird für die kommende Woche mit den jeweiligen Gruppen besprochen. Die Montagsgäste bestimmen, was es am Montag zu essen geben soll, die Dienstaggruppe entscheidet dasselbe für Dienstag etc. Der Speiseplan wird am Ende der Woche erstellt und ausgehängt. Er berücksichtigt zum einen die gewünschten Gerichte und zum anderem die Wertigkeit und Zusammensetzung der einzelnen Speisen.

Des Weiteren ist die Mitarbeiterin dafür zuständig, dass der Einkaufszettel für die Einkaufsgruppe vorbereitet wird (vgl. Kapitel 4.1.3). Gern werden dazu Gäste hinzugezogen, um hier im therapeutischen Sinn Biografie und Erinnerungsarbeit einfließen zu lassen.

Gleichzeitig wird von unserer Mitarbeiterin das Kassenbuch geführt. Sie ist dafür verantwortlich, welche Gelder die Tagespflege verlassen. Dafür gibt es eine Liste, in der aufgeführt wird, wer wie viel Geld aus der Kasse erhalten hat und wie viel Geld noch vom Einkauf übrig ist.

Am Morgen kontrolliert die Mitarbeiterin anhand eines Protokolls die Temperaturen aller Gefrier- und Kühlschränke und passt diese entsprechend der Vorgaben an.

4.3.1.13 Beschäftigung

Für die Organisation und Durchführung der Beschäftigungsangebote sind alle Mitarbeitenden verantwortlich. Eine Mitarbeiterin hat eine besondere Verantwortlichkeit: Sie erhält besondere Schulungsangebote, erstellt Ordner mit Beschäftigungsangeboten, die neben den Spielen und Angeboten auch die Ressourcen und Fähigkeiten der Gäste enthält. Eine solche Sammlung kann dann von allen an der Betreuung Beteiligten genutzt werden und enthält bereits auf die Gäste abgestimmte Betreuungsangebote. Diese werden je nach Veränderung des Zustandes des Gastes angepasst.

4.3.1.14 Mobilität

Im Bereich der Sturzprävention fallen administrative Tätigkeiten im Bereich der Schulung der Mitarbeiter an. Zum einen geht es um die Aufnahme der Gäste zu Beginn des Trainings anhand des Berg-Balance-Skala. Die Ergebnisse werden in einem Ordner dokumentiert und vierteljährlich wiederholt und ausgewertet. Wir nutzen das Assessment »Berg Balance Scale«-Formular zur Überprüfung der Rehabilitation nach der regelmäßigen Teilnahme am Kraft- und Balancetraining (vgl. Kapitel 4.1.1)

Für das Kraft- und Balancetraining gibt es einen Ordner, in dem sich für jeden Wochentag eine Teilnehmerliste befindet. Dort werden Teilnahme, Veränderungen und Besonderheiten dokumentiert. Materialien wie Hanteln und Fußmanschetten der Gäste werden ebenfalls in dem Ordner dokumentiert und sind auf einer Liste im Materialschrank aufgeführt. Jeder Gast hat seine individuelle Hantelgröße und Gewichtsmanschette.

4.3.2 Administrative Tätigkeiten der verantwortlichen Pflegefachkraft

Die Aufgaben der verantwortlichen Pflegefachkraft sind in ihrer Stellenbeschreibung geregelt. Diese umfasst alle Aufgaben, die der Sicherung einer bedarfsgerechten Betreuung und Versorgung der Gäste dienen. Dazu zählt vor allem die Umsetzung des Pflegekonzeptes. Dieses muss sowohl den Mitarbeitenden als auch den Gästen verständlich gemacht werden, damit alle Beteiligten zusammenarbeiten. Es ist die Aufgabe der verantwortlichen Pflegefachkraft, während der Erstgespräche sowohl die Gäste als auch deren Angehörige über die Besonderheiten des Pflegekonzeptes aufzuklären. So vermeiden wir Missverständnisse, wenn die Gäste in der Häuslichkeit von Abwaschrunden, Einkäufen und Pflanzenpflege erzählen.

Die Beratung der Angehörigen nimmt einen großen Teil der Aufgabe ein. Sie umfasst unter anderem Informationen, Fragen und Beratung bezüglich der Pflegestufen, Finanzierung, weitere Hilfen und Hilfsmittel. Außerdem gehören Gespräche über Ängste, Sorgen und Bedürfnisse zu den täglichen Aufgaben der verantwortlichen Pflegefachkraft.

Bei der Auswahl der Mitarbeitenden und deren Einarbeitung und Betreuung kommt der verantwortlichen Pflegefachkraft ebenfalls eine wichtige Rolle zu. Alle Mitarbeitenden werden während des Vorstellungsgesprächs über die Besonderheiten des Konzepts aufgeklärt. Die Frage ist immer, ob sie sich mit der neuen Rolle vertraut machen können, da es weniger um pflegerische Arbeiten geht und alle Tätigkeiten nur gemeinsam mit dem Gast ausgeführt werden sollen. Dies gilt es auch im weiteren Verlauf immer wieder zu kontrollieren. Manchmal müssen die Mitarbeitenden bei der Umsetzung des Konzepts unterstützt werden, manchmal auf Verbesserungen hingewiesen werden. Alle Mitarbeitenden führen mindestens einmal jährlich ein Zielvereinbarungsgespräch sowie bei Bedarf weitere Gespräche.

Um die Auswertung der betreuenden und pflegerischen Tätigkeiten, Umsetzung des Konzeptes sowie das Befinden der Gäste geht es in den jährlich stattfindenden Pflegevisiten jeden Gastes.

Eine kooperative und konstruktive Zusammenarbeit mit allen internen (Ehren- und Hauptamt) und externen Partnern, Verantwortung und Mitwirkung bei der Qualitätsentwicklung und -sicherung, regelmäßige Teilnahme und Mitwirkung bei intern vorgegebenen Besprechungssystemen fallen ebenfalls ins Verantwortungsgebiet der verantwortlichen Pflegefachkraft.

Außerdem gehört dazu ein verantwortungsvoller Umgang mit den finanziellen und materiellen Ressourcen, regelmäßige Teilnahme an fachspezifischen Fort- und ggf.

Weiterbildungen, Projektentwicklung und -management, Mitwirkung bei der Bildung von Verbandsmeinung zum Arbeitsgebiet und Vertretung nach innen und außen, Kostenstellenverantwortung sowie Sicherstellung der internen Kommunikationsabläufe.

In der Tagespflege trägt die verantwortliche Pflegefachkraft die Verantwortung für alle Hygienemaßnahmen. Sie führt das Hilfs-, Messmittel- und Medizinprodukteverzeichnis, kontrolliert den Verbandskasten und schult die Mitarbeitenden in den Bereichen Hygiene, Brandschutz und anderen Themen nach neuesten wissenschaftlichen Erkenntnissen.

5 UNSERE MITARBEITENDEN FINDEN, BINDEN UND ENTWICKELN

Die Aufgaben der Mitarbeitenden sind in Stellenbeschreibungen beschrieben und betreffen unter anderem die Sicherung einer bedarfsgerechten geriatrischen Betreuung und Versorgung in Ergänzung zu weiteren pflegerischen, ärztlichen, beratenden und familiären Hilfsangeboten.

Durch die Aufteilung in die verschiedenen Verantwortungsbereiche erhalten die Mitarbeitenden Gelegenheit, sich intensiv mit einem Thema auseinanderzusetzen. Dies ermöglicht es uns, ein umfangreiches Angebot für unsere Gäste zu schaffen, Aufgaben aufzuteilen und die unterschiedlichen Kompetenzen der Mitarbeitenden zu nutzen.

Schluss mit der defizitorientierten Pflege

Uns ist es wichtig, dass die Mitarbeitenden bei der Umsetzung des Pflegekonzeptes umdenken und die defizitorientierte Pflege durch eine Ressourcenorientierung ablösen. Wir erwarten von unseren Teammitgliedern die Bereitschaft, Dinge zu erproben, ihr eigenes Handeln zu reflektieren und eigene Interessen in den Hintergrund zu stellen.

Das bedeutet eben auch, sich zurücknehmen, um die Umsetzung des Konzeptes zu unterstützen. Dies fällt vielen in der Pflege tätigen Menschen schwer, denn der Beruf der Pflegekraft und die Definition von Pflegebedürftigkeit werden in erster Linie mit Problemen und Leid in Verbindung gebracht. Medienwirksam sind vor allem die Berichte, in denen Pflegebedürftige falsch oder mangelhaft versorgt oder sich selbst überlassen werden. Natürlich dürfen solche Fälle nicht bagatellisiert werden und es braucht angemessene Kontroll- und Beratungsinstanzen. Dennoch hilft die Skandalisierung eines ganzen Berufsstandes niemandem, da so weder die Pflegebedürftigen noch die in der Pflege Tätigen als Individuen wahrgenommen werden und die Komplexität in der Pflege negiert wird. Letztlich führt dies zu einer großen Verunsicherung, sowohl bei den pflegebedürftigen Menschen und ihren Angehörigen als auch bei den Pflegekräften. Letztere richten den Fokus dann verstärkt auf die Pflegeprobleme, um ja nichts zu versäumen. Sie werden gewissermaßen dazu »erzogen«, sich der Probleme eines Menschen anzunehmen, aber nicht seiner Bedürfnisse.

5.1 Die Freude am Beruf zurückbringen

Unser Konzept ist darauf ausgerichtet, dass Pflege auch für die Pflegekräfte Freude bringen kann. Es ist schön, Menschen zu erleben, die es genießen, wieder im Mittelpunkt zu stehen; denen man etwas zutraut und deren Stärken man fördert. Doch das Umdenken ist ein langer Prozess. Viele unserer Mitarbeitenden haben bislang anders gearbeitet. Sie erlebten eine Pflege, in der schnell mal ein Brötchen geschmiert wurde oder ein Patient gewaschen wurde. Sie lernten, den Pflegebedürftigen die Tabletten in den Mund zu schieben, weil es schneller geht als ihn zur selbstständigen Einnahme anzuhalten. Sie gingen lieber selbst einkaufen, statt den Pflegebedürftigen mitzunehmen. Es ist schwer, sich dann auf einmal zurückzunehmen und zu beobachten, was wirklich noch selbstständig geht.

Fördern und Fordern – für alle

Eine Tagespflege kann und sollte den Rahmen dafür bieten, dass Pflegekräfte ihren Auftrag und ihr Handeln reflektieren. Das Prinzip des Förderns und Forderns gilt auch für die Mitarbeitenden.

Wir haben die Erfahrung gemacht, dass viele Pflegemitarbeiter über eine Reihe von zusätzlichen Kompetenzen, z. B. im kreativen Bereich, verfügen. Wenn sich dies in die Angebote der Tagespflege integrieren lässt und die Gäste sich über diese speziellen Angebote freuen und diese loben, ist es auch für die Teamkollegen eine schöne Bestätigung ihrer Arbeit.

Das Fördern und Fordern ist elementarer Bestandteil unserer Arbeit in der Tagespflege. Tätigkeiten, die nicht ausgeführt werden können, werden begleitet und unterstützt, aber niemals unreflektiert durch das Pflegepersonal übernommen. Es ist wichtig, dass alle in der Tagespflege arbeitenden Menschen dieses Konzept unterstützen, damit Fähigkeiten erhalten bzw. wiederhergestellt werden können. Eine Übernahme der Aktivitäten kann dazu führen, dass diese auch in der Häuslichkeit nicht mehr ausgeführt und so verlernt werden. Da der Aufenthalt in der Tagespflege nur einen geringen Teil der Zeit unserer Gäste ausmacht, ist es wichtig, dass sie mit Förderung und Erhalt von Fähigkeiten in die Häuslichkeit entlassen werden.

5.2 Bereitschaft zum Engagement

Unsere Tagespflege hat regulär von montags bis freitags geöffnet. Wir erwarten jedoch von unseren Mitarbeitenden die Bereitschaft, zu besonderen Anlässen auch an Wochenenden oder in den Abendstunden zu arbeiten. Gäste und Angehörige müssen zu Festen begleitet werden, besondere Veranstaltungen (Weihnachtsmarkt, Spargelfest, Angehörigenfrühstück, Angehörigentreffen usw.) können nur stattfinden, wenn die Mitarbeitenden sich engagieren. Heiligabend und Silvester ist unsere Tagespflege je nach Anzahl der Gäste geöffnet, um bei mehreren Feiertagen der Vereinsamung entgegenzuwirken und ihnen an diesen wichtigen Tagen im Jahr Geborgenheit zu geben.

5.3 Fortbildungen

Über einen jährlichen prospektiven Fortbildungsplan stellen wir die regulären Fortbildungen in Form interner und externer Maßnahmen sicher. Die Teilnahmepflicht ist verbindlich geregelt. Bei externen Fortbildungen, Fachtagungen und Fachveranstaltungen wirken unsere Mitarbeitenden als Multiplikatoren, d.h. sie referieren in den Teamsitzungen die Inhalte, tauschen Erfahrungen und Meinungen aus. Spezielle Fort- und Weiterbildungen, die über das übliche Maß hinausgehen, werden in gemeinsamen Zielvereinbarungsgesprächen zwischen der verantwortlichen Pflegefachkraft und den jeweiligen Teamkollegen festgelegt. Grundsätzlich ist es unser Anliegen, dass alle Mitarbeitenden über die entsprechenden Kenntnisse verfügen, um die regulären Gruppenangebote sicherzustellen. Bei der Pflege unserer Gäste beziehen wir uns auf aktuelles Wissen. Um aktuelles Wissen zu sichern, werden alle Mitarbeitenden regelmäßig zur Dokumentation, Hygiene, Expertenstandards sowie Qualitätsstandards geschult. Relevante Fachbücher und Pflegefachzeitschriften sind für alle zugänglich vorhanden.

Regelmäßige Fortbildungen der Mitarbeiter:

- Arbeits- und Brandschutzfortbildungen werden von einem durch das BGW ausgebildeten Sicherheitsbeauftragten des Unternehmens geleitet. Es gibt eine Unterweisung über die Brandschutzanlage, das Verhalten im Brandfall und über Brandursachen. Bei der Brandschutzübung bzw. der Handhabung des Feuerlöschers ist ein Feuerwehrmann zugegen.
- Eine Erste Hilfe Schulung wird von einem der Kreisverbände des DRK durchgeführt. Zwei Mitarbeiter sind ausgebildete Ersthelfer.
- Die Belehrung zum Infektionsschutzgesetz nach §42/43 IfSG und zu Hygienemaßnahmen, Umgang mit Nahrungsmitteln, findet erstmalig durch das Gesundheitsamt statt und wird durch die »rote Karte« bescheinigt. Danach folgen einmal jährlich Schulungen durch die leitende Pflegefachkraft.
- Die Hygieneschulung wird von einer Mitarbeiterin unserer Kooperationsfirma durchgeführt, die in diesem Zusammenhang auch die Begehung in den Räumen der Tagespflege durchführt und auf eventuelle Verbesserungen hinweist.
- Der Umgang mit bestimmten Medikamenten wie z.B. Schmerzmitteln, Antidementiva oder Psychopharmaka wird von unserer Kooperationsapotheke geschult. Regelmäßig lassen wir auch die Aufbewahrung der Medikamente prüfen.

- Regelmäßig werden die festgelegten Verfahren zum Verhalten in Notfallsituationen, zur Pflegedokumentation und zu allen relevanten Pflegestandards durch die leitende Pflegefachkraft geschult.

Hinzu kommen Fortbildungen, an denen die Mitarbeitenden aufgrund fehlender Kenntnisse, spezifischen Interessen bzw. bezüglich ihrer individuellen Aufgaben teilnehmen.

5.4 Unsere Mitarbeitenden

In unserer Tagespflege beschäftigen wir vor allem Pflegefachkräfte. Pflegehilfskräfte übernehmen keine Tätigkeiten der Behandlungspflege. Sie sind wie alle Mitarbeitenden auch als Bezugspflegekräfte einzelnen Gästen zugeteilt und übernehmen Aufgaben der Pflegedokumentation und Evaluation, immer im Austausch mit einer Pflegefachkraft. Pflegehilfskräfte werden anhand eines Praxisbegleitbogens einmal jährlich fachlich eingeschätzt und überprüft.

Mentoren

Praktikanten und Freiwillige des Sozialen Jahres erhalten von Beginn an eine Bezugsmitarbeiterin als Mentorin. Diese führt alle Gespräche und ist Ansprechperson während des Einsatzes in der Tagespflege. Anhand eines Einarbeitungskonzeptes für Praktikanten und Freiwillige des Sozialen Jahres wird das Vorgehen in den ersten Anwesenheitstagen geregelt und dokumentiert. So ist eine kontinuierliche Einarbeitung aller Helfenden gegeben.

Praktikanten und Freiwillige des Sozialen Jahres übernehmen Aufgaben der Betreuung unserer Tagesgäste. Die Helfer des Freiwilligen Sozialen Jahres werden zum Beispiel bei Beginn ihrer Tätigkeit als Trainingsgruppenleiter des Kraft- und Balancetrainings geschult. Weiterhin haben sie die verantwortungsvolle Aufgabe, den Fahrdienst regelmäßig zu begleiten. Aus unserer Erfahrung entwickeln viele unserer Gäste dadurch ein besonderes Vertrauensverhältnis zu ihnen. Selbstverständlich nutzen wir die Stärken unserer Helfer, sodass sie nach einer gewissen Zeit auch eigenständig eine kleine Gruppe begleiten. So können beispielsweise beim Backen mit Gästen beide Generationen voneinander lernen. Auch das Spielen von Instrumenten und somit die Begleitung von Veranstaltungen sind ein großer Gewinn für unsere Einrichtung. Die jungen Menschen berichten am Ende ihres Freiwilligen Sozialen Jahres immer wieder, dass sie bei uns gelernt hätten, Verantwortung zu übernehmen und älteren Menschen auf Augenhöhe zu begegnen.

Von unseren Helfern werden keine behandlungs- und grundpflegerischen Arbeiten ausgeführt, da wir besonders bei der Körperpflege und in Bezug auf die Ausscheidung die Intimsphäre unserer Gäste schützen wollen.

Konzeptionell verankert ist die Einbeziehung ehrenamtlich Mitarbeitender in die Betreuung unserer Gäste. Diese nehmen einen definierten Aufgabenbereich entsprechend ihrer Neigungen und der Wünsche der Gäste wahr. Sie werden durch die Pflegefachkräfte bei der Wahrnehmung ihrer Aufgaben unterstützt und begleitet. Der Aufgabenbereich umfasst vor allem Angebote und Ideen zur Beschäftigung, wie z. B. Vorlesen, Kochen, Backen, Gestalten. Auch das Eingehen auf die individuellen Wünsche bei der Beschäftigung unserer Gäste gehört zu den Angeboten der ehrenamtlichen Mitarbeitenden. So besuchte ein ehrenamtlicher Schachspieler über einen längeren Zeitraum einmal wöchentlich unsere Tagespflege, um mit einem unserer Gäste Schach zu spielen. Dieses Angebot einer hochkonzentrierten individuellen Beschäftigung wäre ohne die ehrenamtliche Unterstützung nicht möglich gewesen. Es ist uns wichtig, dass auch die Ehrenamtlichen eine enge Begleitung und Unterstützung erhalten, um Überforderungen sowohl der Ehrenamtlichen als auch der Gäste zu vermeiden. Unser Anspruch ist, dass die Ehrenamtlichen das Konzept kennen, verstehen und dies unterstützen.

Durch die Kooperation mit der DRK AusbildungsCentrum gGmbH, einer Tochtergesellschaft unseres Trägers, bieten wir zweimal im Jahr für die Teilnehmer des Kurses »Basisqualifikation Pflege« und »Aufbaukurs Betreuungsassistenten« eine vierstündige Schulung an. Unser Ziel ist es, den zukünftigen Mitarbeitern in der Pflege das Konzept einer Tagespflege näher zu bringen. Auch ist es unser Anliegen, den Teilnehmern unsere grundsätzliche Haltung zu Selbstbestimmung und Teilhabe zu vermitteln. Uns ist insbesondere wichtig, dass zukünftige Pflegepersonen über die Versorgungsform einer teilstationären Einrichtung informiert sind und diese den Pflegebedürftigen und Angehörigen im Alltag als Entlastungsangebot bzw. als Teilnahme am gesellschaftlichen Leben näher gebracht werden.

Daneben bieten wir unsere Tagespflege auch als Praktikumsstelle für die Auszubildenden an.

In der Schulung wird erklärt, für wen die Tagespflege geeignet ist; unser Konzept wird präsentiert, ebenso die Bereiche, die zu einer Steigerung der Zufriedenheit führen, wie z. B. das gemeinsame Erledigen der Hauswirtschaft, das Kochen, Backen, Einkaufen, Musizieren und Singen, die gemeinsame Gestaltung des Tages. Außerdem geben wir Tipps zur Motivation und Kommunikation, beantworten Fragen zur optimalen Betreuung- und Beschäftigungsform anhand unserer Erfahrungen und Beispiele. Zum Schluss geben wir einige Informationen zur Finanzierung einer teilstationären Einrichtung, um zu verdeutlichen, dass jeder Mensch, der einen Hilfebedarf im Bereich der Grundpflege und hauswirtschaftlichen Versorgung hat, mit demenzbedingten Fähigkeitsstörungen, psychischen Erkrankungen oder geistigen Behinderungen, die in der Regel einen erheblichen allgemeinen Beaufsichtigungs- und Betreuungsbedarf haben, ebenso einbezogen wird wie Menschen mit körperlichen Beeinträchtigungen.

Diese Schulungen und Informationen von zukünftigen Pflegekräften und Betreuungsassistenten unterstützen uns darin, das Konzept unserer Tagespflege bekannt zu machen und unsere Einrichtung zu empfehlen.

6 UNSERE GÄSTE

6.1 Aufnahmeverfahren und Eingewöhnung

In der Regel findet zunächst ein Beratungsgespräch mit den Interessenten in der Tagespflege oder in der Häuslichkeit des Pflegebedürftigen statt. In diesem Erstgespräch werden alle wesentlichen Fragen, die für eine Aufnahme in die Tagespflege relevant sind, besprochen. Mit dem Gast und seinen Angehörigen wird geschaut, welche Tage in Frage kommen. Dies richtet sich nach der Kapazität, der Gruppenzusammensetzung und dem Angebot, das an diesem Tag stattfindet. So können musikinteressierte Gäste einen Tag mit Chor oder Trommelkurs wählen, andere finden ihr Interesse eher in der Handwerks- oder Handarbeitsrunde.

6.1.1 Der Probetag

Während des kostenfreien Probetages erhält der Besucher einen Einblick in das Angebot. Gleichzeitig dient dieser Tag einer näheren Einschätzung hinsichtlich des Umfangs des Pflege- und Betreuungsbedarfs sowie der Kontakt- und Kommunikationsfähigkeit des Besuchers. Die Angehörigen werden an diesem Tag gebeten, den Pflegebedürftigen zu begleiten und ihn zu einem Besuch zu motivieren. Durch ein gemeinsames Frühstück mit dem Interessenten und seinem Begleiter können erste Hürden abgebaut werden. Dem Gast wird eine Bezugsperson vorgestellt. Diese zeigt die Räumlichkeiten und geht auf Fragen ein. Das anschließende Sportangebot nutzen Leitung und Begleitperson für ein kleines Gespräch und den Austausch weiterer Informationen. Die Begleitperson verabschiedet sich anschließend, es wird ein weiterer Termin zur Auswertung des Probetages verabredet. Die Kostenklärung erfolgt vor Aufnahme des Tagesgastes in der Einrichtung.

Sollte es zur Aufnahme des Gastes kommen, wird ein Pflege- und Betreuungsvertrag mit dem Gast bzw. mit seinem Bevollmächtigten oder gesetzlichem Vertreter geschlossen. In einem nächsten Schritt wird der Antrag auf teilstationäre Pflege bei der Pflegekasse gestellt und die Frage der Kostenübernahme, einschließlich der Möglichkeit der zusätzlich einzusetzenden Mittel, geklärt. Den Bevollmächtigten oder gesetzlichen Vertretern werden mit Aushändigung des Pflege-und Betreuungsvertrages weitere Dokumente mitgegeben. Diese beinhalten unter anderem die Biografie und die Selbst- und Fremdeinschätzung zum Gesundheitszustand. Außerdem werden den Angehörigen bzw. Betreuern Ratgeber zu den Themen Dekubitus, Kontraktur, Inkontinenz, Mangelernährung und Sturz ausgehändigt. Die Angehörigen werden ebenfalls gebeten, ein Dokument, das an den behandelnden Arzt weitergeleitet werden kann, zu unterschreiben bzw. einen aktuellen Medikamentenplan einzureichen.

6.1.2 Die Bezugsperson

Dem Gast wird schon vor seinem ersten Tag eine Bezugsperson zugeteilt. Diese stellt sich als Ansprechperson für Gast und Angehörige vor, führt die Pflegedokumentation und ist auch für die Umsetzung des Eingewöhnungskonzeptes (s. Anhang »Eingewöhnungskonzept«) verantwortlich. Auf einem Formular werden wesentliche Aspekte zur Begleitung des Gastes in den ersten acht Anwesenheitstagen festgehalten. Für uns ist es wichtig, dass jeder Gast eine optimale Eingewöhnung in der Tagespflege erhält. Die Gäste sollen sich wohl fühlen. So erhöht sich die Chance, dass sie ihre Ziele erreichen.

Die wesentlichen Aspekte bei der Begleitung des Gastes sind das Zeigen der Räumlichkeiten (Toiletten, Ruheräume, etc.) der Tagespflege und des Hauses, die Vorstellung der Mitarbeitenden und Gäste, die Erklärung der Tagesstrukturierung und Informationen zu den Veranstaltungen. Die Vorteile des Kraft- und Balancetrainings werden erklärt, um zur Teilnahme zu motivieren. Tätigkeiten werden Interessen zugeordnet, Interessen erfragt und der Gast in die täglichen Aktivitäten eingebunden. Speiseplan und Wahlessen werden erläutert, Bedürfnisse und Wohlbefinden erfragt.

Das Eingewöhnungskonzept sieht in den ersten Anwesenheitstagen außerdem die Einschätzung folgender Faktoren vor:

- Trink- und Essverhalten durch das Führen eines Trink- und Essprotokolls
- Gewicht
- Haut- und Gelenkerkrankungen durch Begutachtung
- Schmerzen
- Kontinenz/Inkontinenz
- Sturzgefahr

Bei Vorhandensein einer Gefahr werden die Risikofaktoren sofort in die Akte aufgenommen und als Risiko mit den entsprechenden Maßnahmen (Trinkprotokoll, Toilettentraining etc.) ausgewiesen. Außerdem sieht unser Eingewöhnungskonzept am 4. und 8. Anwesenheitstag ein Gespräch mit dem Gast vor:

- Was gefällt Ihnen gut in der Tagespflege?
- Was gefällt Ihnen weniger gut?
- Gibt es Probleme (mit Mitarbeitern, Tagesablauf, Gästen, Fahrdienst, Medikamente usw.)?
- Was kann verbessert werden (Angebot, Tagesstruktur usw.)?

6.1.3 Das Fallgespräch

Ein Fallgespräch laut Eingewöhnungskonzept beinhaltet folgende Fragestellungen:

- Hat sich der Gast gut eingelebt?
- Ist die Eingewöhnungsphase beendet? Wenn nein, welche Maßnahmen sollten erfolgen und in welchem Zeitraum?
- Gibt es Probleme, Auffälligkeiten und Fragen, die sich zusätzlich ergeben?
- Gibt es fehlende Inhalte in der Dokumentation, die geklärt werden sollten?

Die Fallbesprechung findet mit den Teamkollegen statt. Eine Abschlussevaluation mit Angehörigen/Betreuer findet am Ende der Eingewöhnungsphase (ca. nach acht Anwesenheitstagen) entweder telefonisch oder persönlich statt. Auch diese werden bezüglich Zufriedenheit, Problemen oder Verbesserungen befragt. Außerdem werden fehlende Unterlagen von den Angehörigen erneut erfragt. Das Eingewöhnungskonzept ist erst mit der Eingewöhnung des Gastes abgeschlossen. Das besagt, dass der Gast dann gut in der Tagespflege angekommen ist, wenn er seinen Interessen nachgehen kann und zufrieden ist.

6.2 Unsere Gäste

In der Tagespflege können täglich 16 Gäste betreut werden. Insgesamt besuchen uns im Jahresdurchschnitt 40 Gäste pro Woche. Das hängt von den unterschiedlichen Besuchstagen ab. Die Pflegestufe und der damit verbundene Pflegebedarf können eine bedeutsame Rolle bei der Betreuung eines Gastes einnehmen, obwohl eine niedrige Pflegestufe nicht grundsätzlich bedeutet, dass der Bedarf an Pflegezeit und Zuwendung geringer als bei höheren Pflegestufen ist. Die Pflegestufen nehmen außerdem Einfluss auf die Abrechnung bezüglich der Pflege- und Betreuungskosten, die sich nach den Pflegestufen richten. Abb. 1 zeigt die durchschnittliche Pflegestufenverteilung 2014 bei 34 Gästen.

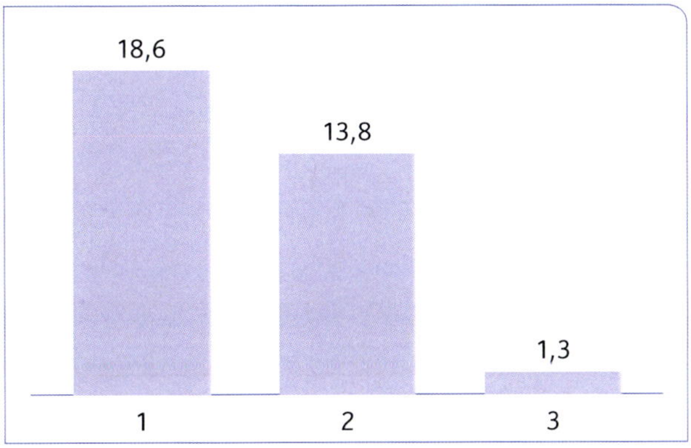

Abb. 1: Durchschnittliche Pflegestufenverteilung 2014.

Neben den Gästen mit einer Pflegestufe nehmen wir bei möglicher Kapazität auch Gäste ohne Pflegestufe auf. Diese entrichten einen Pauschalbetrag.

6.2.1 Männer und Frauen

Die Verteilung von Männern und Frauen hat einen wichtigen Einfluss auf die Betreuung und die damit verbundenen Aktivitäten und Tätigkeiten. Auch wenn der Anteil an weiblichen Gästen immer noch höher ist, stieg seit Entstehung der Tagespflege der Anteil von männlichen Gästen an. 2011 gab es doppelt so viele Frauen wie Männer. Zurzeit haben wir in der Tagespflege Verträge für 20 Frauen und 17 Männer.

Mehr männliche Gäste stellen unsere Mitarbeitenden vor die Herausforderung, einen Teil der Aktivitäten auf die Bedürfnisse von Männern anzupassen. So entstand im letzten Jahr die Handwerkergruppe, an der unsere männlichen Besucher gerne teilnehmen. Außerdem werden Aktivitäten wie Spielrunden Frauen und Männern gemischt, aber auch getrennt angeboten. Eine Skatrunde nur für Männer findet nun fast wöchentlich statt. Auch Haushaltsaktivitäten wie Kochen und Abtrocknen getrennt nach Männern und Frauen sind für die Gäste besonders attraktiv.

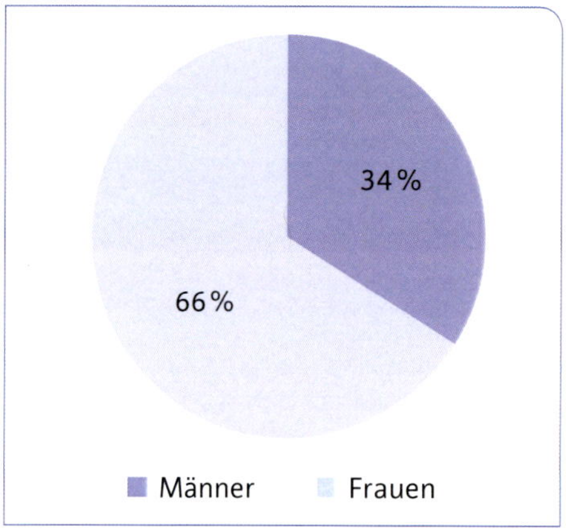

Abb. 2: Prozentuale Verteilung Männer/Frauen 2011.

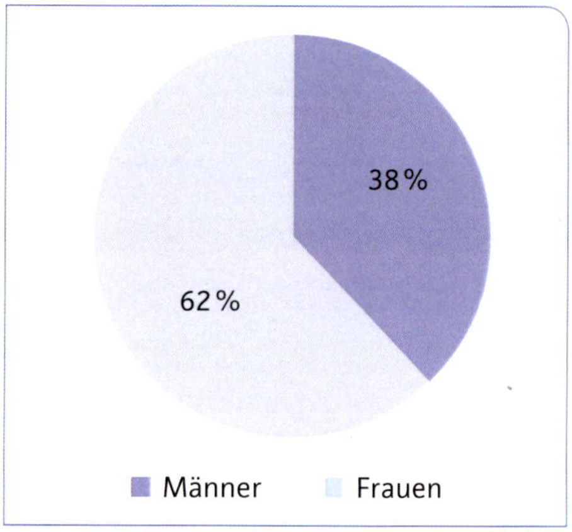

Abb. 3: Prozentuale Verteilung Männer/Frauen 2014.

6.2.2 Krankheiten und Konsequenzen

Aber nicht nur die männliche und weibliche Gästeverteilung stellt die Mitarbeitenden vor immer neue Herausforderungen, sondern auch der Umgang mit den unterschiedlichen Krankheitsbildern bzw. Einschränkungen. Seit einiger Zeit ist beispielsweise ein Anstieg von Gästen mit einer Seheinschränkung bis zur fast völligen Erblindung zu verzeichnen. Diese Gäste sollen mit speziell auf sie abgestimmten Angeboten, Tätigkeiten, Hilfestellungen und Hilfsmitteln über den Tag begleitet werden. So werden vermehrt Angebote für den Tast-, Hör- und Riechsinn angeboten, beispielsweise das Fühlen von Gegenständen, das Raten und Schmecken von Kräutern. Außerdem wurden besondere Hilfsmittel wie beispielsweise rote Untersetzer zur Orientierung angeschafft und die Mitarbeitenden besonders geschult.

6.2.3 Auslastung und Angebote

Die Auslastung in der Tagespflege stellt uns bezüglich der Personalplanung, Koordination des Fahrdienstes und Finanzierung vor große Herausforderungen. Im Jahre 2013 hatten wir im Durchschnitt eine 99-prozentige Auslastung laut Verträgen. Aufgrund von längerfristig bekannten aber auch kurzfristigen Absagen, wurde trotz dieser Verträge nur eine durchschnittliche reale Auslastung im Jahr 2013 von 86 Prozent erlangt. Die kurzfristigen Absagen wurden im Jahre 2014 von Januar bis März aufgeschlüsselt. Sie beinhalteten vor allem gesundheitliche Gründe und kurzfristige Krankenhauseinweisungen.

Ein weiteres Thema stellt die Fluktuation der Gäste dar. Dies hat Auswirkungen auf die Gruppenzusammensetzung und erfordert somit ebenfalls eine hohe Flexibilität bezüglich der Angebote. Die Teamkollegen werden durch die wechselnden Gruppen dazu angehalten, ihre Angebote immer wieder neu zu überdenken und neue Angebote zu schaffen. Auch organisatorische und strukturelle Bereiche müssen ständig überdacht und verändert werden.

Der Anteil an Gästen mit Migrationshintergrund und anderer kultureller oder religiöser Sozialisierung spielt in unserer Tagespflege eine untergeordnete Rolle. Selbstverständlich sind wir für alle Menschen offen und stellen uns auf die jeweiligen individuellen Bedürfnisse ein. Dass der Anteil gering ist, erklärt sich aus der Bevölkerungsstruktur unseres Sozialraumes, in dem nur ein geringer Anteil an Migranten lebt.

7 ZUSAMMENARBEIT MIT ANGEHÖRIGEN UND BETREUERN

Die Beratung und Einbeziehung der Angehörigen sowie weiterer Bezugspersonen ist elementarer Bestandteil der Betreuung in der Tagespflege. Häufig sind es die Angehörigen, die den ersten Kontakt zur Tagespflegeeinrichtung herstellen. Beim ersten Besuch geht es um die Präsentation der Räume, die Vorstellung des Konzepts und natürlich um Informationen zum potenziellen Gast, seiner Situation und die Klärung der Kosten. Sollte ein Termin in der Tagespflege nicht möglich sein, erfolgt ein Hausbesuch.

Es ist wichtig, schon im ersten Gespräch einen Überblick über die häusliche Situation zu erhalten: Wer übernimmt die Pflege bzw. Betreuung? In welchen beruflichen, finanziellen und sozialen Bereichen bewegt sich der Angehörige? Welche Probleme, Entlastungsmöglichkeiten, Wünsche und Bedürfnisse hat er? Die Pflege eines Angehörigen ist extrem belastend. Von den 2,5 Millionen Pflegebedürftigen in Deutschland werden aber zwei Drittel ausschließlich durch Angehörige versorgt. Die Techniker Krankenkasse fragte bei 1000 pflegenden Angehörigen nach: Wie steht es um Gesundheit und Befinden, Belastungen und Unterstützungsmöglichkeiten? »Sechs von zehn Befragten geben an, dass die Pflege sie viel von ihrer eigenen Kraft kostet – je höher die Pflegestufe, desto größer die Belastung. In Pflegestufe drei ist sie fast doppelt so groß wie in Stufe null. Ständig in Bereitschaft zu sein strengt 55 Prozent der Befragten sehr an. Die Hälfte der Pflegenden fühlt sich oft körperlich erschöpft, gut ein Drittel hin- und hergerissen zwischen den Anforderungen der Pflege und denen der Umgebung, zum Beispiel Job oder Familie. Drei von zehn Befragten geben sogar an, die Pflegesituation greife die eigene Gesundheit an.«[51]

Umso wichtiger ist eine umfassende Beratung der Angehörigen. Deshalb gehört es zu unseren Aufgaben, Angehörige bei inhaltlichen, organisatorischen und finanziellen Fragen zu beraten und sie zu entlasten. Viele Angehörige sind durch krankheitsbedingte Veränderungen und zunehmende Pflegebedürftigkeit überfordert. Sie leiden unter zunehmenden Konflikten, Aggressionen oder Schuldgefühlen. Das bringt sie physisch wie psychisch an ihre Grenzen – bis hin zur Erkrankung. Wir unterstützen direkt und indirekt. So tragen wir dazu bei, dass die Pflegebedürftigen in ihrer häuslichen Umgebung und ihrem vertrauten sozialen Umfeld bleiben können. Darüber hinaus entlasten wir die Pflegenden von ihrer anstrengenden Betreuungsarbeit.

---

51 http://anders-leben.de/2014/09/19/pflege-von-angehoerigen-kann-krank-machen/[Zugriff am 03.06.2015]

Praxistipp: Das Tagebuch

Viele Angehörige informieren sich genau über den Tagesablauf des Gastes, um zu Hause auch über das Erlebte sprechen zu können. Es hat sich bewährt, die Aktivitäten und Besonderheiten in eine Art Tagebuch zu schreiben. Das übernehmen unsere Gäste überwiegend selbst. Es ist eine schöne Möglichkeit, um sich am Ende eines Tages noch einmal auszutauschen.

7.1 Zuhören

Die Bezugspflegekräfte nehmen aktiv Kontakt zu den Angehörigen auf und bieten sich als Ansprechperson und für regelmäßige Gespräche an. Selbstverständlich können die Angehörigen bei aktuellen Problemen jederzeit telefonisch oder persönlich Kontakt mit uns aufnehmen. Wir sorgen dafür, dass sich Angehörige in einfühlsamen Gesprächen entlasten und ggf. eine andere Perspektive der konkreten Situation einnehmen können, z. B. indem sie manche Verhaltensweise nicht als »gegen sie gerichtet« verstehen. Mit dieser neuen Perspektive eröffnen sich neue Verhaltensmöglichkeiten, die das Zusammenleben in der Häuslichkeit erleichtern.

7.2 Informieren

Jeder Gast braucht Zeit für die Eingewöhnung – und auch die Angehörigen müssen sich erst daran gewöhnen, dass sie unsere Dienste in Anspruch nehmen. Eine enge Kommunikation, Rückmeldung nach den ersten Besuchstagen, eine offene Tür gehören dabei zu den Aspekten, die das Vertrauen fördern. Die Angehörigen brauchen Informationen über unser Konzept, unsere Mitarbeitenden und unsere Arbeitsweise.

Darüber hinaus finden regelmäßige Veranstaltungen statt, die die Angehörigen entlasten. Sie können sich miteinander über Lebenssituationen und Probleme austauschen. So sorgte etwa ein Angehörigenfrühstück für einen regen Informationsaustausch bezüglich der Veränderung des Pflegegesetzes. Im Anschluss gab es eine Informationsveranstaltung zum Thema Betreuung. Zu dieser und allen anderen regelmäßig stattfindenden Informationsveranstaltungen werden die Angehörigen eingeladen.

7.3 Feiern

Wir laden die Angehörigen zu allen Festen ein, die in und auch außerhalb der Tagespflege stattfinden.

Dazu gehören themenbezogene Anlässe wie das Angehörigenfrühstück, der Grillnachmittag oder regelmäßige Feste im Jahreskreis, wie Weihnachtsfeiern etc.

Es hat sich gezeigt, dass ein Angehörigenfrühstück an einem Samstag besonders gut angenommen wird. Bereits vier Wochen vorher versenden wir eine Einladung und einen Teilnahmezettel. Wir stellen es jedem Angehörigen frei, den Tagesgast mitzubringen. Dementsprechend läuft die Personalplanung, um im Bedarfsfall auch die Betreuung zu organisieren. Der Austausch in diesem Rahmen ist für die Angehörigen sehr wichtig, da es – wie auch bei anderen Interessengruppierungen – zu Fragen kommt, die wir als Mitarbeitenden gar nicht vorhersehen können. Viele Angehörige schlagen Themen vor, zum Beispiel, »Wie beschäftige ich meinen Partner im Alltag?« – »Wie kann ich zu Hause Stürze vermeiden?« Viele Angehörige haben auch Fragen an die Bezugspflegeperson oder möchten mit uns über einen veränderten Hilfebedarf sprechen. Da wir als Tagespflege nicht nur einige Minuten mit den Menschen zusammen sind, sondern mehrere Stunden, ergibt sich für uns im Bereich Pflegebedarf häufig ein sehr umfangreiches Bild. Das alles wird in einem entspannten Rahmen besprochen. Für die Angehörigen ist das auch eine Wertschätzung angesichts der Hürden des Alltags.

7.4 Umdenken

Gelegentlich müssen wir die Angehörigen auf die Bedürfnisse, Wünsche und Fähigkeiten des Gastes aufmerksam machen und ihnen Möglichkeiten der Veränderungen aufzeigen. Wir stoßen bei der Arbeit mit unseren Gästen immer wieder auf die Tatsache, dass sie sich bei uns anders verhalten als in ihrer Häuslichkeit. Es ist unsere Aufgabe, dafür zu sorgen, dass Angehörige darüber informiert werden, damit Fähigkeiten auch in der Häuslichkeit gefördert werden. Besonders unsere männlichen Gäste übernehmen sehr gern Tätigkeiten wie Abwaschen, Kochen und Einsortieren mit Freude. Die Angehörigen sind darüber oft sehr erstaunt und erzählen, dass ihr Mann noch nie gekocht oder abgewaschen habe.

Die Auswahl der richtigen Tagespflege sollte genau überlegt sein. Daher bitten wir jeden Interessenten, sich auch andere Einrichtungen anzuschauen, um eine Entscheidung zu treffen. Es ist wichtig, dass die Angehörigen genau über das Pflegekonzept und die damit verbundenen Aufgaben für die Gäste informiert werden. Einige Angehörige sind daran gewöhnt, sich um ihren Partner in allen Bereichen des Lebens zu kümmern und ihm alles abzunehmen. Es ist für sie eine Lebensaufgabe und gibt ihnen das Gefühl, gebraucht zu werden und etwas tun zu können. Oft werden alltägliche Aufgaben abgenommen, die von dem Gast eventuell noch allein übernommen werden können. Dies erfordert aber viel Zeit und Geduld, die im stressigen Alltag oft nicht vorhanden sind. Werden Tätigkeiten wie das selbstständige Essen, Laufen oder Abräumen in der Tagespflege ausgeführt, stößt dies manchmal auf Unverständnis. Aus diesem Grund ist eine ausführliche Beratung unerlässlich.

Die Arbeit mit den Angehörigen[52] hat zum Ziel:

- Stärkung des Beziehungsgefüges zwischen Besuchern, Angehörigen und sozialem Umfeld
- Unterstützende Hilfestellung für die Angehörigen im psychischen Bereich, durch Stabilisierung des Familiensystems und zur Stärkung der Persönlichkeit des Pflegenden
- Information und Beratung in rechtlichen und finanziellen Angelegenheiten und bei der Durchsetzung von Ansprüchen gegenüber Kostenträgern
- Beratung bei der Wohnraumanpassung und bei der Wahl der Pflegehilfsmittel

7.5 Entlasten

Eine Tagespflege gibt den pflegenden Angehörigen Freiraum, da sie durch die Betreuung in den Tagespflegeeinrichtungen für mehrere Stunden von ihren Aufgaben befreit werden. Genau dieser Freiraum ist wichtig, wie eine Angehörige schildert: »Ich bin selbstständig und durch die Tagespflege ist es mir wieder möglich zu arbeiten. Die Tage, die meine Mutter in der Einrichtung ist, kann ich fest verplanen. Man braucht auch mal Zeit für sich, um wieder Kraft zu tanken und etwas zu unternehmen.« Doch nicht nur der Freiraum ist wichtig, auch der Alltag wird durch eine Tagespflege neu belebt: »Die Beziehung zwischen mir und meiner Mutter hat sich deutlich verbessert. Man kann nicht immer und immer die gleichen Fragen hören und beantworten. Jetzt habe ich die Möglichkeit, mich wieder auf sie zu freuen. Zu Hause würde sie sich langweilen, weil ich auch noch den Haushalt habe und die Arbeit, um die ich mich kümmern muss. Es ist eine große Entlastung.«

Angehörige brauchen Zeit, um sich mit der Tagespflege anzufreunden, so berichtet es eine andere Angehörige, deren Ehemann bei uns Gast ist. »Ich hatte am Anfang ein total schlechtes Gewissen. Gerade weil man ihm ja äußerlich die Krankheit nicht ansieht. Ich habe auch oft den Vorwurf gehört, ich mache mir einen schönen Tag zu

---

[52] Vgl. KDA 2010, S. 71

Hause und mein Mann muss in eine Einrichtung. Sein Verhalten ist aber zu Hause ganz anders. Er hat hier einen anderen Rahmen und lebt seine Gefühle anders aus. Man muss seinen Angehörigen beschäftigen und alles, was er macht, macht er falsch. Man hat als Angehöriger nicht die Geduld, irgendwann müssen der Haushalt und der Garten ja auch mal fertig werden, und da hat man dann Streitpunkte. Seit mein Mann die Tagesstätte besucht, streiten wir uns weniger und ich bin viel ausgeglichener.«

Frau G. suchte unsere Beratung, weil sie einen Platz für ihren Mann suchte, an dem er eigentlich nur mal zwei, drei Tage bleiben konnte. Sie brauchte dringend Entlastung für sich. Aus den geplanten zwei Wochen sind mittlerweile acht Monate geworden, in denen Herr G. regelmäßig unser Gast ist. Seine Ehefrau ist überglücklich, hat inzwischen einen Englischkurs begonnen und nimmt sich wieder Zeit für sich.

8 ZUSAMMENARBEIT MIT ANDEREN AN DER VERSORGUNG UND BETREUUNG BETEILIGTEN PERSONEN UND INSTITUTIONEN

Ebenso wie die Einbeziehung der Angehörigen und Bezugspersonen ist die Zusammenarbeit mit allen weiteren an der Versorgung und Betreuung Beteiligten unerlässlich. Dazu zählt die Kooperation mit Pflegediensten, Therapeuten und Ärzten.

Wenn der erste Kontakt zu uns nicht durch einen Pflegedienst stattfand, informieren wir diesen zeitnah. Pflegedienste müssen über den Verbleib des Gastes in der Tagespflege informiert werden und die Zeiten der Abholung sollten besprochen werden, damit eine optimale Versorgung des Gastes erfolgen kann. In der Tagespflege können wir verschiedene Aktivitäten koordinieren, was dann wiederum die ambulanten Pflegedienste entlastet. Dies betrifft z. B. Besuche bei Ärzten, physio- und ergotherapeutische Maßnahmen, Medikamentenbestellungen und Friseurbesuche. Sollten Pflegedienste bei bestimmten Maßnahmen an ihre Grenzen stoßen, können unsere Mitarbeitenden diese Aufgaben übernehmen. So ließ Herr K. in der Häuslichkeit keine Körperpflege zu und der Pflegedienst bat uns, es einmal zu versuchen. Da Herr K. die Tagespflege als Erholungstag ansah, boten wir ihm einen Aufenthalt in unserem Wohlfühlbad an. Dieses Angebot nahm er dankend an und genoss sein Sprudelbad.

Wir sichern den Verbleib in der Häuslichkeit durch ein gezieltes Training, eine soziale Betreuung und die Zusammenarbeit aller Beteiligten. Heimeinweisungen werden vermieden oder hinausgezögert, ggf. entfallen auch Krankenhausaufenthalte oder können verkürzt werden. Der regelmäßige Kontakt zu Ärzten und Therapeuten und das gemeinsame Ziel aller führen zu einer verbesserten Versorgung des Pflegebedürftigen. Der Aufenthalt in der Tagespflege ermöglicht ggf. die Durchführung von bestimmten verordneten Maßnahmen, die in der Häuslichkeit nicht oder nur unzureichend sichergestellt sind. Verordnete physio- und ergotherapeutische Maßnahmen können in der Tagespflege durchgeführt werden. Wir helfen bei der Beschaffung der Verordnungen und organisieren die therapeutischen Maßnahmen in der Tagespflege. Dabei können die Maßnahmen durch die Therapeuten an unsere Mitarbeitenden weitergegeben werden. So kann eine optimale Therapie erfolgen.

Wir arbeiten eng mit einer Physiotherapiepraxis zusammen. Deren Mitarbeiter übernehmen die physiotherapeutischen Behandlungen der Gäste, sofern diese dies wünschen und eine Verordnung vorliegt. Eine Mitarbeiterin übernimmt das Kraft- und Balancetraining und steht ihren Kollegen der Tagespflege bei Fragen zur Verfügung. Außerdem ist die Physiotherapie bei Festen und Veranstaltungen anwesend, um über

Sturzgefahren, Gleichgewichtstraining und Hilfsmöglichkeiten zu beraten. Ein Bewegungsparcours hilft Gästen und anderen Teilnehmern, ihre Balance und Gleichgewicht einzuschätzen.

Im WTG § 1 ist festgelegt, dass in stationären Einrichtungen die Bewohner einen Bewohnerbeirat wählen können. »Der Einrichtungsträger hat in geeigneter Weise auf die Bildung eines Bewohnerbeirates hinzuwirken …«

Leider ist dies für eine Tagespflegeeinrichtung schwierig umzusetzen. Es ergeben sich folgende Schwierigkeiten:

- Bestimmte Gäste sind nicht täglich vor Ort und schlecht greifbar oder gänzlich unbekannt für die anderen Gäste.
- Die Teilnahme an bestimmten Veranstaltungen ist häufig nicht möglich.
- Die Gäste, die wir uns für diese Aufgabe vorstellen konnten, haben abgelehnt, da sie sich gesundheitlich nicht in der Lage fühlten.

In § 8 des WTG steht, dass – sofern die Wahl eines Bewohnerbeirates nicht zustande kommt – die Aufsichtsbehörde zum Zwecke der Mitwirkung Fürsprecher zu bestellen hat. Die Aufsichtsbehörde kann von einer Bestellung absehen, wenn die Mitwirkung auf andere Weise sichergestellt ist. Für die Gremien oder Personen nach den Sätzen 1 und 2 gelten die Absätze 3 bis 7 entsprechend.[53]

Praxistipp: Heimfürsprecher

Wir haben in den letzten Jahren einen Heimfürsprecher berufen. Er wurde von den Tagesgästen und Angehörigen beim Angehörigenfrühstück gewählt und besucht regelmäßig unsere Einrichtung. Er hält zu allen Gästen Kontakt und ist ihnen daher auch gut bekannt.

[53] vgl. http://www.berlin.de/sen/soziales/berliner-sozialrecht/land/rv/wtg.html#7

9 KUNDENGEWINNUNG UND ÖFFENTLICHKEITSARBEIT

9.1 Kundengewinnung

Wir führen eine sogenannte Herkunftsstatistik, aus der wir ersehen können, auf welchem Wege unsere Gäste über unser Angebot erfahren haben. Daraus ist ersichtlich, dass unsere Gäste zum einen aus dem umliegenden Umfeld, durch Mundpropaganda über Bekannte und Freunde, zum anderen über kooperierende Einrichtungen des DRK, Pflegestützpunkte sowie ambulante Pflegedienste bei uns anfragen. Auch durch redaktionelle Beiträge oder Anzeigen in kiezbezogenen Broschüren sowie über unsere Internetseite werden Gäste oder ihre Angehörigen auf uns aufmerksam. In unserem Flyer findet sich auch ein »Gutschein für einen kostenlosen Probetag« in unserer Tagespflege. Der Flyer enthält weitere Informationen über unsere Angebote und unser Konzept und liegt in verschiedenen öffentlichen Gebäuden, bei Ärzten bzw. Ämtern aus.

Vor dem Hauseingang unserer »Villa Albrecht« steht täglich ein Aufsteller, mit der freundlichen Einladung: »Besuchen Sie uns in der Tagespflege«.

Kundengewinnung

Kundengewinnung ist ein wichtiger Teil der Arbeit der verantwortlichen Pflegefachkraft. Zu ihren Akquiseaufgaben gehören folgende Punkte:

- Einladungen zu Festen und Veranstaltungen Interessierter aus dem Umfeld, wie Ärzte, Therapeuten und Kollegen aus ambulanten Pflegediensten
- Besuch der Multiplikatoren
- Ausrichten von Veranstaltungen zu spezifischen Fachthemen oder Fragen in der Tagespflege
- Schalten von Anzeigen, in der Regel verbunden mit kleinen Artikeln über die Angebote oder spezielle Veranstaltungen
- Präsentation unserer Angebote bei Festen und Veranstaltungen

Wichtig ist uns auch das Prinzip der »offenen Tür«. Interessierte Gäste oder Angehörige und Bezugspersonen können bei uns vorbeizuschauen und sich selbst ein Bild machen.

Bei allen spezifischen Akquisebemühungen ist es uns aber vor allem wichtig, dass die Zufriedenheit unserer Gäste und ihrer Angehörigen und Bezugspersonen gesichert ist. Die positiven mündlichen Berichte unserer Gäste gegenüber potenziellen Interessenten sind unser Aushängeschild. Dies würde für negative Bewertungen genauso gelten.

Dabei ist unsere Haltung, dass auch negative Kritik durchaus erfragt werden muss. Nur dann können wir dies reflektieren und verändern.

Natürlich nutzen wir zur weiteren Unterstützung auch unsere Flyer und verweisen auf unserer Webseite oder nutzen unsere Mieterzeitschrift im näheren Umfeld. Insbesondere ist es uns aber ein Anliegen, über direkte Kommunikation und die aktive Beteiligung an der Netzwerkarbeit und in den Gremien auf uns aufmerksam zu machen. Eine sogenannte »Kaltakquise« betreiben wir nicht, da der Nutzen gegenüber dem damit verbundenen zeitlichen und personellen Aufwand nicht im angemessenen Verhältnis steht.

9.2 Öffentlichkeitsarbeit

Öffentlichkeitsarbeit beginnt innerhalb der Tagespflege mit Informationen, sichtbar für alle auf einer Tafel im Eingangsbereich. Dort finden sich Namen und Fotos aller Mitarbeitenden, der Heimfürsprecher und die Ansprechstelle bei Beschwerden. Außerdem hängen dort der Wochen- und Speiseplan der laufenden Woche. Uns ist wichtig, möglichst viel Transparenz herzustellen, und wesentliche Informationen für Gäste und Besucher zugänglich darzustellen. Nicht selten ergeben sich durch einen Blick auf den »Plan« Gespräche der Besucher untereinander.

Einen Beitrag zur Öffentlichkeitsarbeit leistet aber auch unsere Einkaufsgruppe, ebenso die Spaziergänge im Kiez, Museumsbesuche, Ausflüge sowie Besuche von Veranstaltungen oder Festen.

So führten unsere regelmäßigen Museumsbesuche dazu, dass wir inzwischen für verschiedene Museen in Berlin als Testgruppe fungieren. Es geht darum, ein Konzept für seniorengerechte Führungen auszuarbeiten. Unsere Aktivitäten zeigen in der Öffentlichkeit, dass auch pflegebedürftige Menschen durchaus vielfältige Interessen haben, denen sie mit der geeigneten Unterstützung gut nachgehen können. So erfährt eine breitere Öffentlichkeit von den Möglichkeiten einer Tagespflege und wir können unser Konzept erläutern. Unsere Erfahrung ist, dass Menschen, die noch keine oder wenig Berührung mit Alter und Pflegebedürftigkeit haben, sehr positiv reagieren.

Zu unserer Öffentlichkeitsarbeit gehört, dass wir in Beiträgen für die Lokalzeitung über unsere Arbeit, aber auch über unsere Helfer berichten. Dies geschieht meist in Verbindung mit besonderen Veranstaltungen oder veränderten Bedingungen in der Tagespflege. Auch auf Pflegefachveranstaltungen, in Gremien und Netzwerken wirken wir aktiv mit. Dazu gehört auch die Präsenz bei den Veranstaltungen für die Öffentlichkeit wie auch unsere regelmäßigen Veranstaltungen in der »Villa Albrecht« und Tage der offenen Tür.

Selbstverständlich beteiligten wir uns auch an allen Veranstaltungen, die die Stadt oder Behörden ins Leben rufen. 2014 gab es in Berlin das Projekt »Langer Nachmittag der Pflege«, bei dem Interessierte mit einem Shuttlebus verschiedene Einrichtungen besuchten und sich zu speziellen Themen informierten, etwa »Seelischen Grundbedürfnissen von Menschen mit Demenz begegnen« oder »Erfahrungen mit einer Angehörigen« und »Information über Vorsorgevollmacht und Patientenverfügung«.

Im Herbst 2014 organisierte das Bezirksamt einen Stadtteilspaziergang, an dem unsere Tagespflege bzw. die »Villa Albrecht« teilnahm. Interessierte gingen von Einrichtung zu Einrichtung und wurden in einer knappen halben Stunde über die Angebote informiert und konnten die Gebäude besichtigen. Das Besondere an diesem Angebot war, dass sich die »Spaziergänger« ohne Hemmungen, da sie ja als Gruppe unterwegs waren, die Versorgungslandschaft anschauen und Fragen stellen konnten.

Multiplikatoren finden und pflegen

Es lohnt sich, eine Liste mit allen Multiplikatoren zu führen, die mit der Tagespflege eng oder im erweiterten Sinne in Kontakt stehen. Dazu zählen Ärzte, Therapeuten, pflegerische Einrichtungen, ambulante Pflegedienste, Pflegestützpunkte, Mitarbeiter bei Behörden und Apotheken. Die Multiplikatoren erhalten zu all unseren Festen und Veranstaltungen eine Einladung. So bringen wir uns regelmäßig in Erinnerung.

9.3 Gremienarbeit

Neben der Zusammenarbeit mit den direkt an der Pflege und Betreuung beteiligten Personen und Einrichtungen gibt es eine Zusammenarbeit mit weiteren Einrichtungen und Gremien (Gerontopsychiatrischer Geriatrischer Verbund, Koordinierungsstellen etc.). So entstehen Kooperationen und Empfehlungen, denn in den Gremien sind auch Mitarbeiter vom Bezirksamt und Pflegestützpunkten, stationären Einrichtungen, ambulanten Pflegediensten und Dienstleister von niederschwelligen Angeboten vertreten. Durch die regelmäßigen Treffen können wir Erfahrungen austauschen und über Probleme sprechen. Alle Mitglieder sind darüber hinaus in regionalen Arbeitsgruppen vertreten.

Die verantwortliche Pflegefachkraft unserer Tagespflege ist auch in einer regionalen Arbeitsgruppe des Gerontopsychiatrischen Verbundes Tempelhof vertreten. Dort geht es in Zusammenarbeit mit der Alzheimer Gesellschaft etwa um die Aufklärung der Bevölkerung in Bezug auf das Krankheitsbild der Demenz. Durch Fortbildungen in verschiedenen Einrichtungen werden Interessierte über das Krankheitsbild und den Umgang mit Menschen mit einer Demenz informiert.

Die Arbeit in einer regionalen Arbeitsgruppe führte aber auch ganz konkret dazu, dass einige Bänke in der Umgebung aufgestellt wurden. Bei einer anderen Aktion wurde der Müll im nahegelegenen Park in Zusammenarbeit mit einer Schule beseitigt.

Seit 2014 gibt es einen regionalen Arbeitskreis Tagespflege, in dem Tagespflegen unterschiedlicher Träger aus der Umgebung vertreten sind. Der Arbeitskreis trifft sich vierteljährlich und tauscht sich über Besonderheiten, Neuerungen und Probleme aus. Themen sind etwa der Umgang mit der Lebensmittelkennzeichnung, die Erstellung neuer Konzepte, Umgang und Erfahrungen mit externen Prüfungsinstitutionen wie MDK und Heimaufsicht oder Probleme beim Fahrdienst sowie Ideen für Veranstaltungen.

Obwohl wir uns durchaus als Wettbewerber verstehen, sehen wir uns nicht als Konkurrenten, sondern kooperieren miteinander. Wenn Angehörige dringend eine Tagespflege suchen und in einer Einrichtung kein Platz zur Verfügung steht, wird einfach auf eine andere Tagespflege verwiesen.

10 QUALITÄTSSICHERUNG

Wir haben am Anfang dieses Buches bereits auf die MuG Teilstationär hingewiesen. Sie fordert, dass der Träger ein einrichtungsspezifisches Qualitätsmanagement auf Basis seiner konzeptionellen Grundlagen implementieren soll. Wir haben uns entschieden, ein »zertifizierungsfähiges« Qualitätsmanagement einzuführen, verzichten bislang aber auf die externe Überprüfung durch externe unabhängige Sachverständige und Prüfinstitutionen. Dies ist einer eingehenden Kosten-Nutzen-Abwägung geschuldet, da unsere Einrichtung für unseren Träger gewissermaßen ein Solitär ist. Hinsichtlich der Weiterentwicklung und Verbesserung unseres Systems wenden wir die gleiche Logik an wie bei extern überprüften Systemen.

Qualität managen

Unser Qualitätsmanagementsystem ist prozess- und ergebnisorientiert aufgebaut. Die jeweiligen Prozesse sind nachvollziehbar in einem Qualitätsmanagementhandbuch dargestellt und werden in festgelegten Zeiträumen evaluiert. Mittelpunkt unseres organisatorischen Handelns ist die Kundenorientierung. Uns ist bewusst, dass zufriedene Kunden die Grundlage eines langfristigen wirtschaftlichen Erfolges sind.

Wir haben verinnerlicht, dass Kundenzufriedenheit nur auf der Basis zufriedener und engagierter Mitarbeitender möglich ist. Daher ist neben der Kunden- auch eine klare Mitarbeiterorientierung mit eindeutigen Verantwortungsbereichen und gut funktionierendem Informationsfluss von höchster Wichtigkeit. Bekanntermaßen ist Qualitätsarbeit Führungsaufgabe und kann nur im gemeinsamen Verständnis aller Mitarbeitenden umgesetzt werden. Die verantwortliche Pflegefachkraft trägt die Verantwortung für Aufbau, Umsetzung und Weiterentwicklung des Qualitätsmanagements und arbeitet mit dem Qualitätsmanagementbeauftragten des Trägers zusammen. Neben dem Austausch und der Beratung zur Verbesserung und Weiterentwicklung des Qualitätsmanagementsystems gehört die Durchführung eines internen Audits durch den Qualitätsmanagementbeauftragten unseres Trägers zum festen Bestandteil unseres Konzeptes.

In unserer Einrichtung finden regelmäßige Qualitätszirkel zur Reflektion und Evaluation bestehender Prozesse statt. In diesem Zirkel werden Prozessbeschreibungen und Dokumente bei Bedarf überarbeitet.

Unsere Mitarbeitenden erhalten regelmäßige Schulungen zur Anwendung und Umsetzung unseres Qualitätsmanagements. Sie sind an der Weiterentwicklung beteiligt und in ihren Aufgabengebieten für die Umsetzung der Qualitätspolitik und der Qualitätsziele mitverantwortlich. Wir sichern ein hohes fachliches Niveau auf dem aktuellen Stand der Wissenschaft durch verlässliche Kommunikationsstrukturen, Fort- und Weiterbildung.

Maßnahmen der internen Qualitätssicherung

- Tägliche Informationsübergaben
- Wöchentliche Teambesprechungen
- Fallbesprechungen
- Kontinuierliche Führung und Evaluation der Pflegedokumentation
- Dokumentationsvisiten
- Interne Audits
- Erstellung und kontinuierliche Weiterentwicklung von Pflegestandards- und Leitlinien
- Zufriedenheitsbefragungen und Beschwerdemanagement
- Hygienemanagement
- Beschwerdemanagement
- Angehörigenberatung und -schulung
- Einarbeitungskonzept für Mitarbeitende, Auszubildende und Praktikanten

Qualitätsmanagement und -sicherung erfordern eine kontinuierliche und verständliche Kommunikation. Unerlässlich ist der Informationsaustausch zwischen den Mitarbeitenden. Dieser ist durch die täglichen morgendlichen Teamsitzungen und den Informationsordner gesichert. Dieser Ordner steht im Büro der Mitarbeitenden und enthält Gesprächsprotokolle, Protokolle der Dienstbesprechungen und weitere wichtige Informationen. Alle Mitarbeitenden sind verpflichtet, den Ordner regelmäßig durchzusehen und Gelesenes mit ihrem Namenskürzel abzuzeichnen.

Das enge Zusammenwirken mit dem Qualitätsmanagement unseres Trägers, des DRK LV, ist uns hinsichtlich übergreifender Themen und organisatorischer Entwicklungen wichtig. Dazu gehört neben den schon erwähnten Beratungen auch ein trägerübergreifender Fachaustausch im DRK-Fachteam Pflege. Die Strukturen unseres Verbandes nutzen wir auch zur Vorbereitung und zum Austausch hinsichtlich der regelmäßigen externen Qualitätsprüfungen durch MDK, Heimaufsicht oder sonstige Aufsichtsbehörden.

Zu den Maßnahmen unserer Qualitätssicherung gehören auch die Beratung und Zusammenarbeit mit externen Kooperationspartnern, die Mitwirkung in bezirklichen Gremien, z. B. in der Fachgruppe der Psychosozialen Arbeitsgemeinschaft (PSAG) und im örtlichen Geriatrisch Gerontopsychiatrischen Verbund.

10.1 Pflege- und Expertenstandards

Pflegestandards sind ein wichtiges Element zur Sicherung der Qualität in der professionellen Pflege. Die relevanten Standards sind in unserer Tagespflege in Form von Verfahrensanweisungen hinterlegt.

Sie werden von der verantwortlichen Pflegefachkraft erstellt und regelmäßig auf den neuesten Stand der wissenschaftlichen Erkenntnisse überprüft und gegebenenfalls überarbeitet.

Bei jedem Standard beginnen wir mit der Definition, erklären also kurz, was wir beschreiben wollen. Danach wird das Ziel formuliert, das wir konkret mit dieser Verfahrensanweisung erreichen wollen. Es wird festgelegt, welche Mitarbeitenden für die Umsetzung der jeweiligen Maßnahmen verantwortlich sind. Die Durchführung bzw. die Maßnahmen zur Erreichung des Zieles werden Punkt für Punkt benannt und mit den dazugehörigen Dokumenten beschrieben. Damit erreichen wir, dass die verantwortlichen Mitarbeitenden auf der gleichen Grundlage geschult und die Arbeitsweisen identisch sind.

Nach der Erstellung werden die Verfahrensanweisungen in Fortbildungen an die Mitarbeitenden weitergeleitet. Außerdem werden sie in den »Qualitätsordner« eingeheftet, der allen zugänglich ist. Jeder Mitarbeitende ist verpflichtet, diese zu lesen und mit seiner Unterschrift das Gelesene zu bestätigen.

Die Expertenstandards (Dekubitusprophylaxe, Schmerzmanagement in der Pflege bei akuten Schmerzen, Schmerzmanagement in der Pflege bei chronischen Schmerzen, Sturzprophylaxe, Förderung der Harnkontinenz, Ernährungsmanagement) werden ebenfalls in Form einer Verfahrensanweisung dargelegt. Dabei ist es wichtig, dass diese verständlich und auf die tägliche Arbeit abgestimmt sind. Unsere Mitarbeitenden werden zu den Expertenstandards und Verfahrensanweisungen jeweils in einer Fortbildung geschult. Außerdem stehen diese jederzeit zur Einsicht zur Verfügung.

11 HERAUSFORDERUNGEN

11.1 Wirtschaftlichkeit

Die wirtschaftliche Führung einer Tagespflege kann durchaus als Herausforderung verstanden werden, ist sie doch von der Auslastung abhängig. Wie bereits dargelegt, setzen sich der abrechenbare Betrag aus den Pflege- und Betreuungskosten, den Fahrt-, Unterkunfts- und Verpflegungskosten sowie den Investitionsaufwendungen zusammen. Bei der Kalkulation des Tagessatzes wurde eine Auslastung von 87 Prozent zu Grunde gelegt.[54]

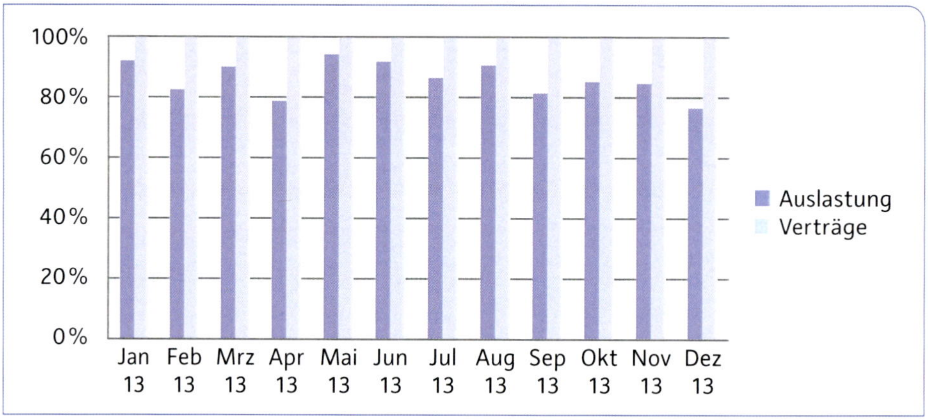

Abb. 4: Auslastung im Vergleich zu den Verträgen 2013.

Die Abrechnung kann nur für die tatsächliche Anwesenheit eines Gastes erfolgen. Kommt es zu kurzfristigen Absagen wegen Krankheit oder Krankenhausaufenthalten, familiären oder anderen Angelegenheiten, stellt dies die Tagespflege vor eine große Herausforderung, wenn ein bis zwei Gäste pro Tag absagen. Steuern lassen sich solche Absagen kaum, da z. B. bei Erkältungswellen oder schlechten Witterungsverhältnissen mehr Gäste absagen, während es zu anderen Zeiten gar keine Ausfälle gibt. Personal- und Sachkosten fallen natürlich dennoch an. In einigen Fällen können wir das Problem lösen, indem wir Gäste auf unserer Warteliste anrufen und einladen. Dieses Verfahren kommt aber nur bei langfristigen Absagen zum Zuge und ist nur bei den Gästen möglich, die durch den unregelmäßigen Besuch der Tagespflege keinen Nachteil erleiden, bei denen also keine Strukturen unterbrochen werden und keine zeitliche Desorientierung besteht.

[54] Seit dem 1. Januar 2015 wird in Berlin bei Neuverträgen eine Auslastung von 85 Prozent zu Grunde gelegt.

Absagen werden von uns nach intensiver Abwägung des Für und Wider nicht privat in Rechnung gestellt. Es wird natürlich in der Beratung dargelegt, dass eine gewisse Verbindlichkeit erforderlich ist, doch Erkrankungen lassen sich nicht planen. Würden wir auch bei Nichtinanspruchnahme auf einer Zahlung bestehen, würden wir viele Gäste verschrecken. Wünschenswert ist es, dass Angehörige die Besuche steuern und dies mit dem Gast besprechen, falls dieser es nicht selbst übernehmen kann.

Eine grundsätzliche Bewertung der Wirtschaftlichkeit und der finanziellen Risiken erfolgt auf Trägerebene in enger Zusammenarbeit mit dem Rechnungswesen und Controlling. Die Risiken der Organisationseinheiten werden regelmäßig identifiziert, analysiert und bewertet. Überprüft wird auch die Übereinstimmung mit den übergeordneten Zielen, der Strategie und Politik der Organisation in enger Rückkoppelung mit der Einrichtungsleitung.

Praxistipp: Jährliche Wirtschaftsplanung

Jährlich erfolgt eine Wirtschaftsplanung auf der Grundlage der Vorjahreszahlen sowie der konkreten Überlegungen der Bedarfe für das kommende Jahr. Neben der Planung der Sach-, Personal- und sonstiger Kosten wird ein Jahresbudget festgelegt, aus dem u.a. ersichtlich ist, welche Mittel für externe Fortbildungen, Fachliteratur, Bürobedarf, aber auch kreative Materialien, Veranstaltungen oder Ausflüge usw. zur Verfügung steht. Es findet eine monatliche bzw. quartalsweise Auswertung des Wirtschaftsplanes mit den aktuellen Ergebnissen statt. Abweichungen werden analysiert und bewertet und eventuell erforderliche Maßnahmen eingeleitet und kommuniziert.

11.2 Bekanntheit und Akzeptanz des Angebotes

Durch die seit Januar 2015 geänderten Voraussetzungen ist die Tagespflege nun ein eigenständiges Angebot in der Versorgungslandschaft der Pflege. Es ist davon auszugehen, dass sich das Interesse durch die verbesserten finanziellen Möglichkeiten erhöht und sich auch weitere Anbieter auf den Weg machen.

Aus unserer Sicht gilt es darzulegen, dass Tagespflege mehr ist als ein ergänzendes oder entlastendes Angebot zur ambulanten oder häuslichen Pflege, wenn auch die Entlastung pflegender Angehöriger gar nicht hoch genug eingeschätzt werden kann.

Unsere Erfahrung ist, dass Kontakte von pflegenden Angehörigen untereinander, wie sie bei Angehörigentreffen oder Veranstaltungen möglich sind, für manche eine große Entlastung darstellen. Die Erfahrung, »Mir geht es nicht allein so, da kann jemand meine Sorgen und Ängste nachvollziehen«, kann eine große Hilfe sein, die mit der Pflege verbundenen Herausforderungen besser zu meistern.

Inzwischen haben auch viele Pflegedienste erkannt, dass Tagespflege keine Konkurrenz darstellen muss. Im Gegenteil, kann doch der Pflegebedürftige mit unserem Unterstützungsangebot langfristig oder länger in seiner Häuslichkeit leben, während anderenfalls schon an eine stationäre Unterbringung gedacht werden müsste.

Für manche pflegende Angehörige ist die Vorstellung, ihren Pflegebedürftigen, wenn auch nur stundenweise, in einer Einrichtung zu wissen, nur schwer auszuhalten. Dies kann vielfältige Gründe haben, wie Schuld- oder Versagensgefühle oder Angst vor Entfremdung. Menschen, die Jahrzehnte miteinander verbracht haben, können sich vielleicht nicht vorstellen, dass der eine ohne den anderen klarkommt, dass fremde Kräfte die Betreuung und Versorgung angemessen übernehmen können. Auch die Sorge, dass Familienangehörige oder Nachbarn den Besuch einer Tagespflege nicht gutheißen, kann eine Rolle spielen. Auch mancher Pflegebedürftige hat Angst davor, »abgeschoben« zu werden.

Praxistipp: Probetag

In einer offenen und behutsamen Atmosphäre können Sorgen und Ängste ausgesprochen werden. Es gilt, die verschiedenen Möglichkeiten durchzusprechen, insbesondere auch auf die Erprobung hinzuweisen. In der Regel bieten alle Tagespflegen einen, meist kostenfreien, Probetag an.

Leistungsspektrum und Nutzungsmöglichkeiten einer Tagespflege müssen verständlich dargestellt werden. So löst es beispielsweise manchmal Erstaunen aus, dass Tagespflege auch für den Fall der Verhinderungspflege genutzt werden kann. Dies kann in Verbindung mit weiteren Leistungen der ambulanten Pflege eine gute Alternative zu einer vorübergehenden stationären Unterbringung sein.

Da die Beratung nicht nur in den Tagespflegeeinrichtungen selbst stattfindet, sollten andere Institutionen, wie Pflegestützpunkte oder sonstige Beratungsstellen, Ärzte, Pflegedienste etc. das Angebot gut kennen. Wie bereits dargestellt, haben wir eine Reihe von Kooperationspartnern und Multiplikatoren, die über unser Angebot informieren und auch uns wertvolle Rückmeldungen geben.

11.3 Innovationen

Wie erwähnt, richtet sich die Einführung weiterer oder veränderter Angebote nach den Bedürfnissen unserer Gäste. Auch rechtliche Änderungen können zur Ausweitung der bestehenden Angebote führen. Es besteht die Möglichkeit, dass zusätzliche Betreuungs- und Aktivierungsleistungen gemäß § 87b SGB XI (s. Anhang »Konzept für zusätzliche Betreuungsleistungen«) auch in teilstationären Einrichtungen erbracht werden können. Die Pflegekassen finanzieren dafür seit Januar 2015 einen Vergütungszuschlag auf der Grundlage 1:20. Für jede anspruchsberechtigte Person wird also der zwanzigste Teil der Personalaufwendungen für eine Vollzeitkraft bemessen.

Auch wir werden in unserer Tagespflege dieses Angebot einbeziehen, nachdem wir zunächst etwas zurückhaltend waren. Unsere Zurückhaltung bezog sich darauf, dass diese Angebote auch zusätzliches Betreuungspersonal erfordern und die geeignete Kraft für diese zusätzlichen Betreuungs- und Aktivierungsleistungen nicht sofort zur Verfügung stand. Bezogen auf unsere derzeitig schon sehr ausdifferenzierten Angebote sehen wir aber gute Potenziale in der spezifischen Einzel- und Kleingruppenbetreuung.

12 AUSBLICK

Wir hoffen, dass wir Ihnen den besonderen Stellenwert einer Tagepflege darstellen konnten. Vor dem Hintergrund, dass sich die Gesellschaft wandelt und sich der Blick auf Alter und Pflegebedürftigkeit verändert, gehen wir davon aus, dass die Frage der Selbstbestimmtheit und Selbstständigkeit noch mehr Gewicht bekommt. Derzeit sind es die »Kriegskinder«, die pflegebedürftig werden, bald werden es die »68er« sein und dann kommen die ehemaligen »Baby-Boomer«. Die Biografien werden sich ändern und es werden vermutlich auch veränderte Angebote gewünscht. Die Frage der Finanzierung der Pflege wird weiterhin ein wichtiges Thema bleiben.

Kurz- und mittelfristig gehen wir davon aus, dass die Nachfrage nach Angeboten der Tagespflege zunehmen wird. Die Zunahme (aber auch der Bedarf) an barrierearmem oder barrierefreiem Wohnraum, verbesserte Hilfsmittelangebote und nicht zuletzt der immer höher werdende Anteil an alleinlebenden und kinderlosen Menschen wird den Bedarf an Unterstützungsangeboten eher zu- als abnehmen lassen.

Dies führt für unseren Träger zu der Überlegung, inwieweit wir unser erfolgreiches Modell des »Integrativen ambulanten Zentrums«, in dem die Tagespflege ein eigenständig wirtschaftender Teil ist, auch in anderen Stadtteilen anbieten wollen. Möglichkeiten und eventuelle Standorte werden geprüft. Zu erwähnen ist, dass es für unseren Verband eher unüblich ist, dass auf Landesebene eigene Einrichtungen entstehen. Eine wesentliche Aufgabe auf Landesebene ist die Beratung und Begleitung der Gliederungen. So kommt unserem Träger vorrangig die Aufgabe zu, die DRK-Kreisverbände hinsichtlich entsprechender Angebote zu motivieren, zu beraten, zu begleiten und zu unterstützen. Das vorhandene Wissen wird natürlich gern weitergegeben und der Träger sieht sich in der sozialen Verantwortung, entsprechende Projekte zu unterstützen.

Praxistipp: Vernetzung

Der Erfolg unserer Einrichtung hängt zu großen Teilen an der guten Vernetzung der verschiedenen Angebote innerhalb des Trägers und seiner Gliederungen sowie mit den vielen Kooperationspartnern und Multiplikatoren im Kiez und im erweiterten Sozialraum. Besonders das Zusammenwirken in den Arbeitsgemeinschaften und Verbünden sowie mit den örtlichen Behörden ist für ein gutes Gelingen unerlässlich.

Nicht zuletzt sind die kompetenten und engagierten Mitarbeitenden die tragende Säule für die Umsetzung eines entsprechenden Konzeptes. Ohne sie bleibt die beste Idee eben nur eine Idee. Dies bezieht sich in erster Linie auf die Leitungs- und Pflegekräfte, aber auch ganz erheblich auf alle unterstützenden Kräfte, wie Fahrdienstmitarbeiter, Mitarbeiter des Freiwilligen Sozialen Jahres, ehrenamtliche Helfer und Praktikanten. Auch die Tagesgäste selbst und ihre Angehörigen haben einen großen Anteil an der positiven Umsetzung des Konzeptes, geben sie doch die wichtigsten Hinweise und Rückmeldungen zu unserer Arbeit.

ANHANG

Version: 01 Seite: 1 von 1 QMH: Kapitel 2	Nachweisdokumentation **Checkliste Beratung/ Angehörigenarbeit**	**Deutsches Rotes Kreuz**

DRK LV Berliner Rotes Kreuz e. V. | Geriatrische Tagespflege „Villa Albrecht" | Albrechtstraße 103/104 | 12103 Berlin

Name, Vorname: ______________________________

Geburtsdatum: ______________________________

Bezugspflegekraft: ______________________________

Beratungsgespräche mit dem Gast/ Angehörigen/Betreuer:

Datum/HZ	Name Angehöriger/ Betreuer/Gast	Inhalt des Gesprächs	Verweis auf dazugehöriges Dokument (Pflegebericht, Gesprächsnotiz)

Aushändigung von Informationsmaterial/ Ratgebern/Broschüren:

□ Dekubitus □ Sturz □ ....

□ Demenz □ Ernährung □ ....

□ Kontrakturen □ .... □ ....

Einladung/ Teilnahme zu Angehörigenabenden:

Datum Angehörigenabend	Einladung erfolgt	Teilnahme

Sonstiges:

____

____

Erstellt: Freigabe von/am: 26.06.12

Eingewöhnungskonzept

- Tagespflegegäste -

Deutsches
Rotes
Kreuz

DRK LV Berliner Rotes Kreuz e. V.
Geriatrische Tagespflege „Villa Albrecht“
Albrechtstraße 103/104
12103 Berlin

Eingewöhnungskonzept - Tagespflegegäste

Deutsches Rotes Kreuz

DRK LV Berliner Rotes Kreuz e. V. | „Villa Albrecht" | Albrechtstraße 103/104 | 12103 Berlin

Inhalt

Sehr geehrte(r) Frau/Herr: ____________________________

Wir heißen Sie in der Tagespflege der „Villa Albrecht" herzlich Willkommen. Mit diesem Eingewöhnungskonzept wollen wir Sie über die ersten Aufenthaltstage in unserer Tagespflege strukturiert begleiten um eine bestmögliche Eingewöhnung und gegenseitiges Kennenlernen zu gewährleisten.

Ihr Team der Tagespflege

Eingewöhnungskonzept - Tagespflegegäste | Deutsches Rotes Kreuz

DRK LV Berliner Rotes Kreuz e. V. | „Villa Albrecht“ | Albrechtstraße 103/104 | 12103 Berlin

1 Probetag / ErsterTag

Aufgabe/ Tätigkeit	Bemerkung	Erledigt
➢ Zeigen der Räumlichkeiten (Toiletten, Ruheräume, ...)		
➢ Räumlichkeiten des ganzen Hauses zeigen		
➢ Bezugsperson (Mitarbeiter und eventuelle anderen Gast) festlegen und andere Mitarbeiter sowie Gäste vorstellen		
➢ Vorstellung der Bezugspflegekraft		
➢ Tagesstrukturierung erklären und Veranstaltungen benennen		
➢ Vorteile des Kraft- und Balancetrainings erklären und zur Teilnahme motivieren		
➢ Tätigkeiten nach Interessen zuordnen, Interessen erfragen		
➢ Einbindung des Gastes		
➢ Erläuterung von Speiseplan und Wahlessen		
➢ Bedürfnisse und Wohlbefinden erfragen		
➢		
➢		
➢		

Notizen: ______________________________

Stand: 19.03.2013 (QMH-Kap.2) – Vers. 02 Seite 3 von 9

2 Risikofaktoren

In den ersten Anwesenheitstagen werden folgende Faktoren aufgenommen und bei Vorhandensein einer Gefahr sofort in die Akte aufgenommen und als Risiko mit den entsprechenden Maßnahmen (Trinkprotokoll, Toilettentraining, ...) ausgewiesen:

Trinkprotokoll (sollte über mindestens 1 Tag geführt werden)

ja □ nein □ Risiko vorhanden □

Gewicht

ja □ nein □ Risiko vorhanden □

Haut- und Gelenkbegutachtung

ja □ nein □ Risiko vorhanden □

Schmerzen

ja □ nein □ Risiko vorhanden □

Kontinenz/Inkontinenz

ja □ nein □ Risiko vorhanden □

Sturz

ja □ nein □ Risiko vorhanden □

3 Gesprächsprotokoll am 4. Anwesenheitstag mit dem Gast

Teilnehmende Personen: ______________________________

Protokoll durch: ______________________ Datum: ____________

Was gefällt ihnen gut in der Tagespflege?

____

____

____

____

____

Was gefällt ihnen weniger gut?

____

____

____

____

____

Gibt es Probleme (mit Mitarbeitern, Tagesablauf, Gästen, Fahrdienst, Medikamente usw.)?

____

____

____

____

____

Was kann verbessert werden (Angebot, Tagesstruktur usw.)?

____

____

____

____

____

Datum/HZ: ______________________

Eingewöhnungskonzept - Tagespflegegäste	Deutsches Rotes Kreuz

DRK LV Berliner Rotes Kreuz e. V. | „Villa Albrecht" | Albrechtstraße 103/104 | 12103 Berlin

4 Gesprächsprotokoll nach 8 Anwesenheitstagen mit dem Gast

Teilnehmende Personen: ______________________________

Protokoll durch: ______________________ Datum: __________

Was gefällt ihnen gut in der Tagespflege?

____
____
____
____
____

Was gefällt ihnen weniger gut?

____
____
____
____
____

Gibt es Probleme (mit Mitarbeitern, Tagesablauf, Gästen, Fahrdienst, Medikamente usw.)?

____
____
____
____
____

Was kann verbessert werden (Angebot, Tagesstruktur usw.)?

____
____
____
____
____

Datum/ HZ: ______________________

Stand: 19.03.2013 (QMH-Kap.2) – Vers. 02 Seite 6 von 9

5 Erste Fallbesprechung zur Eingewöhnung nach 4-8 Anwesenheitstagen

Teilnehmende Personen: ____

Protokoll durch: ____________________________ Datum: ____________

Hat sich der Gast gut eingelebt?

____

Ist die Eingewöhnungsphase beendet? Ja □ nein □

Wenn nein, welche Maßnahmen sollten erfolgen und in welchem Zeitraum?

____

____

____

____

____

Gibt es Probleme, Auffälligkeiten und Fragen die sich zusätzlich ergeben?

____

____

____

____

____

Gibt es fehlende Inhalte in der Dokumentation, welche geklärt werden sollten?

____

____

____

____

____

Eine Maßnahmenüberprüfung erfolgt bis zum __________ im Rahmen einer neuen Fallbesprechung.

6 Abschlussevaluation mit Angehörigen/ Betreuer am Ende der Eingewöhnungsphase (ca. nach 8 Anwesenheitstagen)

Teilnehmende Personen: ______________________________

Protokoll durch: ______________________ Datum: __________

Was gefällt ihnen gut in der Tagespflege?

____

____

____

____

____

Was gefällt ihnen weniger gut?

____

____

____

____

____

Gibt es Probleme (mit Mitarbeitern, Tagesablauf, Gästen, Fahrdienst, Medikamente usw.)?

____

____

____

____

____

Was kann verbessert werden (Angebot, Tagesstruktur usw.)?

____

____

____

____

Datum/HZ: ______________________

Eingewöhnungskonzept - Tagespflegegäste	Deutsches Rotes Kreuz

DRK LV Berliner Rotes Kreuz e. V. | „Villa Albrecht" | Albrechtstraße 103/104 | 12103 Berlin

7 Abschlussbewertung

Die Eingewöhnungsphase wurde am _____________ abgeschlossen.

Alle Maßnahmen aus der Eingewöhnungsphase heraus,

□ Probetag / Erster Tag

□ Gesprächsprotokoll 4. Anwesenheitstag

□ Gesprächsprotokoll 8. Anwesenheitstag

□ Erste Fallbesprechung

□ Folgefallbesprechungen (________ ; ________ ; _________ ; _________)

□ Abschlussevaluation mit Angehörigen/ Betreuer (ca. nach 8 Anwesenheitstagen)

wurden abschließend umgesetzt.

Datum/ HZ: ___________________

Konzept für zusätzlichen Betreuung und Aktivierung nach § 87 b SGB XI

Geriatrische Tagespflege

Deutsches
Rotes
Kreuz

DRK LV Berliner Rotes Kreuz e. V.
Geriatrische Tagespflege „Villa Albrecht“
Albrechtstraße 103/104
12103 Berlin

Konzept für zusätzliche Betreuung und Aktivierung nach § 87 b SGB XI in der Geriatrischen Tagespflege

Deutsches Rotes Kreuz

DRK LV Berliner Rotes Kreuz e. V. | „Villa Albrecht“ | Albrechtstraße 103/104 | 12103 Berlin

Inhaltsverzeichnis

1 Allgemeines

Dieses Konzept bietet eine Grundlage für den Einsatz von zusätzlichen Betreuungskräften in der geriatrischen Tagespflege Villa Albrecht. Es beruht auf folgender rechtlichen Grundlage:

Mit der Zahlung von leistungsgerechten Zuschlägen zu den Pflegesätzen für die zusätzliche Betreuung und Aktivierung von Pflegebedürftigen nach den Regelungen des § 87b SGB XI werden den stationären Pflegeeinrichtungen finanzielle Grundlagen gegeben, eine bessere Betreuung für die Anspruchsberechtigten im Sinne der von den Fachverbänden geforderten „Präsenzstrukturen" zu organisieren, die darauf abzielen, die Anspruchsberechtigten bei ihren alltäglichen Aktivitäten zu unterstützen und ihre Lebensqualität zu erhöhen.
Mit Einführung des Ersten Pflegestärkungsgesetzes erstreckt sich der Kreis der anspruchsberechtigten Personen auf zusätzliche Angebote der Betreuung und Aktivierung auf alle pflegebedürftigen Bewohnerinnen und Bewohner bzw. Pflegegäste sowie die Versicherten, die einen Hilfebedarf im Bereich der Grundpflege und hauswirtschaftlichen Versorgung haben, der nicht das Ausmaß der Pflegestufe 1 erreicht.

2 Zielgruppe

In der Geriatrischen Tagespflegeeinrichtung „Villa Albrecht" werden tgl. 16 ältere Menschen mit körperlichen, geistigen und/oder seelischen Erkrankungen bzw. Mehrfacherkrankungen betreut. Es handelt sich um Personen, die altersgebrechlich pflege- oder behandlungsbedürftig sind, psychisch instabil oder dauerhaft erkrankt sind.

Dazu zählen insbesondere Personen:

- mit Pflegebedürftigkeit im Sinne des SGB XI
- die allein in ihrer Wohnung leben und Hilfen im täglichen Leben, bei der Pflege und bei der Tagesstrukturierung bedürfen
- die vereinsamt oder altersdepressiv sind und mittels aktivierender und therapeutischer Maßnahmen wieder zur selbständigen Lebensführung begleitet werden
- deren Angehörige überwiegend die Pflege und Betreuung übernehmen und Entlastung benötigen
- die sich aufgrund besonderer Lebensereignisse in Krisensituationen befinden, z. B. nach Verlust des Partners oder bei längerer Krankheit

3 Aufgabenverständnis

Die zusätzlichen Betreuungsangebote orientieren sich an den Erwartungen, Wünschen, Fähigkeiten sowie der Befindlichkeit der einzelnen Tagesgäste und zwar unter Berücksichtigung der jeweiligen Biografie.
Es kommen alle Betreuungs- und Aktivierungsmaßnahmen in Betracht, die das Wohlbefinden, den physischen Zustand und die psychische Stimmung der bereuten Menschen positiv beeinflussen.

Aufgabe der hierfür eingesetzten zusätzlichen Betreuungskräfte ist es, für alle in der teilstationären Pflege versorgten anspruchsberechtigten Personen ein ergänzendes Angebot an Betreuung und Aktivierung zu bieten. Dabei soll auf die individuellen Bedürfnisse eingegangen werden

Die zusätzlichen Betreuungskräfte werden nicht in grundpflegerische und hauswirtschaftliche Tätigkeiten eingebunden.

4 Ziel

Unsere Tagespflege möchte durch individuelle Angebote den Gästen eine häusliche Atmosphäre schaffen, in welcher sich die pflegerischen und betreuenden Maßnahmen an den Bedürfnissen erkrankter älterer Menschen orientieren. Dabei soll eine bestmögliche Lebensqualität in allen Phasen des Alters gewährleistet werden. Weiterhin möchten wir die Teilnahme an unseren Betreuungsangeboten auch den Menschen besser ermöglichen, welche aufgrund ihrer psychischen Erkrankungen, z.B. Angstzustände und Depressionen, nicht oder nur eingeschränkt an einigen Angeboten teilnehmen können. Dies bezieht sich insbesondere auf die Begleitung bei alltagspraktischen Dingen wie z.B. Einkaufen, kulturelle Beschäftigungen und gesellschaftliche Aktivitäten. Häufig handelt es sich um Situationen, in denen größere Menschengruppen oder sonstige Außenreize schnell zu einer Überforderung werden können.
Unterstützt werden diese Maßnahmen über die Pflegeplanung, eine ständig aktualisierte Erfassung der Biographie sowie die Umsetzung der vorhandenen einrichtungsspezifischen Konzepte und des Leitbildes.
Daneben bieten die zusätzlichen Betreuungskräfte auch eine Möglichkeit der Einzelbetreuung und Betreuung für Menschen mit Sinnesbehinderungen. So ist der Anteil der Menschen mit erheblichen Sehbehinderungen, die unsere Tagespflege besuchen, stetig gestiegen. Im Rahmen unserer bestehenden Angebote können die Betreuungskräfte die Gruppen zusätzlich begleiten und in einer

Eins- zu - Eins - Betreuung Menschen mit speziellen gesundheitlichen und psychischen Bedürfnissen zur Seite stehen.

Dies kann durch – im Folgenden nicht abschließend benannte - Angebote stattfinden:

1. Gedächtnistraining, Erinnerungspflege (für stark dementiell erkrankte Menschen)
2. Sinneserfahrungen (sensorisches Gedächtnis für Menschen mit Sehbehinderung)
3. Gestalten und Werken (Handwerk auch für Menschen mit Bewegungseinschränkung))
4. Gartenarbeit (auch für Menschen mit Sehbehinderung oder Lähmungen)
5. Sozialleben erhalten (Feste gestalten und feiern, kulturelle Veranstaltungen anbieten, Café, Kaufhaus, Wochenmarkt usw. besuchen, Medienangebote)
6. Tanz im Sitzen (für Menschen mit eingeschränkter Mobilität, Rollstuhlfahrer)
7. Vorlesen und erzählen (auch gegenseitig)
8. Ess- und Tischkultur (für Menschen mit Sehbehinderung und Bewegungseinschränkungen)
9. 10-Min. Aktivierung (für Menschen, die ein höheres Ruhebedürfnis haben oder in einer größeren Gruppe ängstlich sind)

Weiterhin kann die Betreuungskraft biografische Hintergründe in der Aktivierung und Betreuung der Tagespflegegäste viel individueller einfließen lassen. Dadurch können die Wünsche und Bedürfnisse der Gäste noch besser berücksichtigt werden, was zu einer höheren Zufriedenheit und Lebensqualität führen kann.

5 Räumlichkeiten

Die Tagespflege befindet sich im 1. Obergeschoss und ist stufenlos über einen Fahrstuhl erreichbar. Auf einer Fläche von 253 qm befinden sich:

- ein großer Gemeinschaftsraum mit Lager- und Koch- sowie Ess- und Aufenthaltsbereich mit 100,68 qm
- ein kleiner Tagesraum mit voll ausgestatteter Küche mit 19,37 qm
- ein Begegnungsraum mit 19,58 qm
- zwei Ruheräume mit Ruhe- und Liegemöglichkeiten mit 19,58 bzw. 19,37 qm
- ein Therapieraum 16,24 qm
- ein Raum für die Leitung der Tagespflege (Büro und Beratungszimmer) mit 14,14 qm
- drei WC mit Waschbecken sowie Dusche mit 4,42 bzw. 4,43 qm
- ein behindertengerechtes WC mit Waschbecken mit 7,53

- ein Flur mit wohnlichem Charakter und Möglichkeiten zum Abstellen von Hilfsmitteln
- ein Personalraum mit eigenem WC mit 23,24 qm

Die Tagespflege ist mit seniorengerechten Möbeln ausgestattet und bietet eine wohnliche, gemütliche Atmosphäre. Der zugehörige Garten ist mit dem Fahrstuhl leicht zu erreichen. Eine Vogelvoliere sowie ein Stall mit Kaninchen und Meerschweinchen ermöglichen eine Begegnung mit Tieren, was therapeutisch eingesetzt werden kann. Es stehen ausreichend Gartenmöbel zur Verfügung. In den Sommermonaten werden bei entsprechendem Wetter verschiedene Gruppenangebote und Aktivitäten nach draußen verlagert.

6 Organisation

Die Mitarbeiter im Aufgabenbereich der zusätzlichen Betreuungsleistungen gemäß § 87b SGB XI sind organisatorisch dem **DRK Landesverband Berliner Rotes Kreuz e. V.** Bachestr. 11, 12161 Berlin, Bereich Geriatrische Tagespflege Villa Albrecht, zugeordnet.

6.1 Anforderungen und Qualifikation

Wir legen Wert darauf, dass unsere Betreuungskräfte eine empathische und positive Haltung gegenüber alten, kranken und dementen Menschen haben.
Es ist erforderlich, dass sie über soziale Kompetenz verfügen, kommunikative Fähigkeiten entwickeln sowie Gelassenheit und Professionalität mit herausfordernden Verhalten anwenden.
Unsere Betreuungskräfte sollen in ihrer Arbeitsorganisation selbstständig, zuverlässig und teamfähig sein. Die Tätigkeit verlangt eine Kritikfähigkeit und die Fähigkeit zur Reflexion des eigenen Handelns verfügen.

Die zusätzlichen Betreuungskräfte verfügen über die Qualifikation gemäß der „Richtlinien nach § 87b Abs. 3 SGB XI zur Qualifikation und zu den Aufgaben von zusätzlichen Betreuungskräften."
Sie nehmen weiterhin regelmäßig an Fortbildungsmaßnahmen zu Beschäftigungs– und Aktivierungsmaßnahmen teil.

6.2 Betreuungseinsatz der Mitarbeiter

In unserer Tagespflege wird täglich eine zusätzliche Betreuungskraft für mind. 5 Stunden beschäftigt sein. Die Betreuungskraft wird im Dienstplan mit dem Buchstabenkürzel A (Alltagsbetreuer) kenntlich gemacht.

7 Dokumentation

Die Betreuungskräfte dokumentieren auf Basis der Leistungsplanung die Inanspruchnahme des Angebots tagesgenau bei den einzelnen Gästen:

- Besonderheiten und relevante Auffälligkeiten werden in den Tagesereignissen der Pflegedokumentation erfasst
- im Durchführungsnachweis wird die entsprechende Maßnahme von der Betreuungskraft als erledigt abgezeichnet.

LITERATUR

Bausteine Demenz »Die Sprache Demenzbetroffener verstehen.«, S. 10. In: Demenz. Das Magazin 20/2014. Hannover: Brinkmann Meyhöfer

Becker, C. & Rißmann, B. (2009). Sturzprophylaxe: Sturzgefährdung und Sturzverhütung in Heimen. Hannover: Vincentz

Bundesministerium für Familie, Senioren, Frauen und Jugend (2015). Charta der Rechte hilfe- und pflegebedürftiger Menschen. Im Internet: https://www.pflege-charta.de/de/startseite.html

Deming, W.E. (1982). Out of the Crisis. Cambridge: Massachusetts Institute of Technology

Deutsches Netzwerk für Qualitätsentwicklung in der Pflege (DNQP) (Hrsg.) (2010). Expertenstandard Ernährungsmanagement zur Sicherstellung und Förderung der oralen Ernährung in der Pflege. Osnabrück: DNQP

Eichenseer, B. & Gräßel, E. (2011). Aktivierungstherapie für Menschen mit Demenz – MAKS: motorisch – alltagspraktisch – kognitiv – spirituell. München: Urban & Fischer

Feil, N. & Klerk-Rubin, V. de (2013). Validation: Ein Weg zum Verständnis verwirrter alter Menschen. München: Reinhardt

Generali Zukunftsfonds & Kruse, A. (2013). Der Ältesten Rat. Generali Hochaltrigenstudie: Teilhabe im hohen Alter. Köln & Heidelberg. Im Internet: http://zukunftsfonds.generali-deutschland.de/online/portal/gdinternet/zukunftsfonds/content/314342/1010874 [Zugriff am 07.04.2015]

Giruc, M. (2011). Tiere, mit denen wir lebten. Tiergestützte Biografiearbeit mit Demenzkranken. Hannover, Schlütersche

GKV Spitzenverband (2013). Maßstäbe und Grundsätze für die Qualität und die Qualitätssicherung sowie für die Entwicklung eines einrichtungsinternen Qualitätsmanagement nach § 113 des Elften Buches Sozialgesetzbuch (SGB XI) in der teilstationären Pflege (Tagespflege) vom 10. Dezember 2012.
Im Internet: http://www.gkv-spitzenverband.de/media/dokumente/pflegeversicherung/richtlinien__vereinbarungen__formulare/richtlinien_und_grundsaetze_zur_qualitaetssicherung/2013-02-08_Pflege_Massstaebe_und_Grundsaetze_teilstationaer.pdf

Gräßel, M. (o. J.). Zusammenfassung der Ergebnisse des Projekts »MAKS«. Im Internet: http://www.maks-aktiv.de/fileadmin/user_upload/MAKS_aktiv/Pressemappe/Kurzfassung_der_MAKS-Studie_und_ihrer_Ergebnisse.pdf

Hegedusch, E. & Hegedusch, L. (2007). Tiergestützte Therapie bei Demenz. Hannover: Schlütersche

Kuratorium Deutsche Altershilfe (Hrsg.) (2010). Tagespflege. Planungs- und Arbeitshilfe für die Praxis. Köln: KDA

Kämmer, K. (2015). Pflegemanagement in Altenpflegeeinrichtungen. Hannover: Schlütersche, S. 384

Kreutzner, G. (2014). Editorial. In: desssorientiert 2/14. Stuttgart: Demenz support

Landeszentrale für Gesundheitsförderung in Rheinland-Pfalz e.V. (2009). Musik als Schlüssel – über den positiven Einfluss von Musik auf an Demenz erkrankte Menschen. Im Internet: https://www.lzg-rlp.de/service/gesundheitstelefon/text/artikel/611/?no_cache=1

Medizinischer Dienst des Spitzenverbandes Bund der Krankenkassen e.V. (MDS) (Hrsg.) (2014). Grundsatzstellungnahme Essen und Trinken im Alter. Ernährung und Flüssigkeitsversorgung älterer Menschen. Essen: MDS

Raditsch, P. (2011). Entspannung und Körperwahrnehmung. In: demenz.Leben11/2011, Hannover: Brinkmann & Meyhöfer

Rutenkröger, A. (2014). Bewegung trotz(t) Demenz. In: dessorientiert 2/14. Stuttgart: demenz support

Schall, A. (2013). Demenz: Musik hilft, wenn die Worte fehlen. Im Internet: www.muk.uni-frankfurt.de/47750439/209?

Seifert, A. & Zentner, S. (2010). Service Learning – »Lernen durch Engagement«: Methode, Qualität, Beispiele und ausgewählte Schwerpunkte. Eine Publikation des Netzwerks Lernen durch Engagement. Weinheim: Freudenberg Stiftung. Im Internet: http://www.servicelearning.de/fileadmin/user_upload/dokumente/3Pub_Wissen_LdE.pdf [Zugriff am 01.06.2015]

Seifert, A.; Zentner, S. & Nagy, F. (2012). Praxisbuch Service Learning. »Lernen durch Engagement« an Schulen. Weinheim: Beltz

Zank, S. & Schacke, C. (2001). Evaluation von Effekten gerontopsychiatrischer und geriatrischer Tagesstätten auf ihre Besucher(innen) und deren Angehörigen. Band 210. Schriftenreihe des Bundesministeriums für Familie, Senioren, Frauen und Jugend. Stuttgart: Kohlhammer. Im Internet: https://www.hf.uni-koeln.de/data/gerontologie/File/EVA.pdf

Zeller, S. (2014). Aus sportwissenschaftlicher Perspektive. In: dessorientiert 2/14. Stuttgart: demenz support

REGISTER

FSC
www.fsc.org
MIX
Papier | Fördert gute Waldnutzung
FSC® C083411

Zeitfracht Medien GmbH
Ferdinand-Jühlke-Straße 7
99095 Erfurt, Deutschland
produktsicherheit@kolibri360.de